Christian Zangger · Umbrüche

T V Z

Christian Zangger

Umbrüche

Schweizerische reformierte Theologie im 20. Jahrhundert

TVZ
Theologischer Verlag Zürich

Gedruckt mit freundlicher Unterstützung der Schweizerischen
Reformationsstiftung.

Der Theologische Verlag Zürich wird vom Bundesamt für Kultur mit
einem Strukturbeitrag für die Jahre 2019–2020 unterstützt.

Bibliografische Informationen der Deutschen Nationalbibliothek
Die Deutsche Nationalbibliothek verzeichnet diese Publikation in der
Deutschen Nationalbibliografie; detaillierte bibliografische Daten sind
im Internet über http://dnb.dnb.de abrufbar.

Umschlaggestaltung
Simone Ackermann, Zürich, www.simoneackermann.ch

Druck
Rosch Buch GmbH, Schesslitz

ISBN 978-3-290-18238-0
© 2019 Theologischer Verlag Zürich

Inhalt

«Brechet euch einen Neubruch der Erkenntnis.»
Hosea 10,12

Wohl niemand hätte sich am Anfang des 20. Jahrhunderts träumen lassen, dass die protestantische Theologie im europäischen Geistesleben noch einmal eine ähnliche Beachtung finden sollte wie in der Zeit ihrer Entstehung, und erst recht nicht, dass die Impulse zu dieser Erneuerung, die schon bald nach 1900 auch über den europäischen Kontinent hinaus Wirkungen zeigten, ausgerechnet von der Schweiz ausgehen würden.

Dieses Phänomen ist umso erstaunlicher, als es gar keine einheitlich verfasste reformierte Schweizer Kirche gab (und bis heute nicht gibt), sondern nur ein Konglomerat recht lose verbundener Kantonal- und Freikirchen. Die theologischen Fakultäten der reformierten Schweiz standen im Banne der damals herrschenden deutschen Theologie, eine grosse Zahl ihrer Dozenten war deutsch-lutherischer Herkunft, und Schweizer Theologiestudenten verbrachten meist mehrere Semester in Deutschland. Neben der historisch-kritischen Exegese fanden die systematischen Werke der Deutschen Richard Adelbert Lipsius, Albrecht Ritschl und Julius Kaftan grössere Beachtung als die der Schweizer Alois Emanuel Biedermann und Alexander Schweizer; eine Lektüre der deutschen Philosophie des 19. Jahrhunderts schien fast wichtiger als ein Rückblick in die Reformationszeit, wo man Luther entschieden mehr beachtete als Zwingli oder gar Calvin. Bei Pfarrer- und Synodalwahlen spielte die Zugehörigkeit zu einer der beiden theologischen

Richtungen[1] eine grössere Rolle als die Vertrautheit mit dem reformatorischen Erbe.

Die Schweizer Theologie schien also nicht gerade prädisponiert für grundlegende Neuansätze des Denkens, schon gar nicht mit reformierter Akzentuierung.

Es war daher keineswegs zu erwarten, dass gut ein halbes Jahrhundert später ein auch in Laienkreisen viel gelesener «Bestseller», Heinz Zahrnts Überblick über die protestantische Theologie des 20. Jahrhunderts[2], gleich auf den ersten Seiten zwei Schweizer Theologen als Exponenten eines theologischen Umbruchs nennen würde: einerseits Franz Overbeck, jenen «seltsamen Theologieprofessor und Freund Friedrich Nietzsches in Basel, der ein Leben lang einen theologischen Lehrstuhl innehatte, ohne persönlich etwas zu glauben»[3], anderseits Karl Barth, der «ähnlich beherrschend am Anfang des 20. wie Schleiermacher am Anfang des 19. Jahrhunderts»[4] stehe. Markiert so Franz Overbeck für Zahrnt symbolisch eine Endphase der bisherigen Theologie wie auch des «christlichen Abendlandes», so Karl Barth – ebenso symbolisch – einen unerwarteten Neuansatz der Theologie mit unvorhersehbarem Echo über die erste Jahrhunderthälfte hinaus.

Es ist begreiflich, dass eine Darstellung der protestantischen Theologie der ersten Jahrhunderthälfte aus deutscher Perspektive die Gestalt Karl Barths derart hervorhebt – nicht nur wegen der spektakulären Publizität seiner Hauptschriften, sondern auch wegen seiner dominierenden Rolle im deutschen Kirchenkampf der 1930er Jahre und seiner provokativ-alternativen Stellungnahmen zum politischen Geschehen der Nach-

---

1 Der konservativen, sogenannt positiven, und der modernen, sogenannt liberalen Richtung.

2 Heinz Zahrnt, *Die Sache mit Gott, Die protestantische Theologie im 20. Jahrhundert;* München 1966

3 A. a. O., S. 9

4 A. a. O., S. 13

kriegsjahre. Für das Verständnis und die Würdigung seiner Werke aus schweizerischer Sicht sind jedoch Ergänzungen und Präzisierungen unerlässlich.

Erstens: Barth war nicht einfach ein genialer Einzelgänger: Vor ihm, neben und auch mit ihm haben verschiedene andere, ebenfalls bedeutende Schweizer Theologen Wesentliches zu der erwähnten Neuorientierung der Theologie und Kirche beigetragen, so in erster Linie Hermann Kutter, Leonhard Ragaz, Eduard Thurneysen und bald auch Emil Brunner, die alle, wie Barth selbst, früher oder später von der für sie unvergesslichen Begegnung mit Christoph Blumhardt[5] geprägt waren. Ein reger Briefwechsel zwischen diesen Leitfiguren des damaligen Aufbruchs ist Ausdruck von lebhaften Auseinandersetzungen, gegenseitigen Besuchen aller Genannten im In- und Ausland.

Zweitens: Ein wachsender Freundeskreis von profilierten Pfarrern und «Laien», Männern *und* Frauen, hat in Zustimmung und Kritik Wesentliches zur Ausstrahlung ihrer Werke beigetragen. Zu ihnen gehörten auch etliche bedeutende deutsche Theologen, die hier ausser Betracht fallen.[6]

Drittens: Alle Genannten, die später Dozenten wurden, haben sich zunächst als Gemeindepfarrer mit den sozialen und politischen Problemen des Gemeinwesens befasst. Von der Praxis her erschlossen sich ihnen die überraschend neuen «theoretisch»-theologischen Einsichten in die biblische Botschaft. Im Ernstnehmen der alltäglichen Anforderungen des Pfarramtes wurden sie aufmerksam auf die grundlegenden Schäden der bürgerlichen Gesellschaft, die sozialen Nöte der Kleinbauern und Arbeiter. Von daher erschien es ihnen immer unmöglicher, ihr Pfarramt bloss nach dem üblichen Muster als Zeremonienmeister auszuüben. Konfrontiert mit bedrängenden Zeitfragen

---

5 Vgl. Hermann Kutter jun., *Hermann Kutters Lebenswerk;* Zürich 1965, S. 16ff.

6 Unter den Schweizer Theologen werden im Folgenden vor allem die Systematiker berücksichtigt.

entdeckten sie die Aktualität der Bibel, ihren prophetisch-kritischen Gehalt als Gegensatz zum gängigen Kirchenbetrieb und Religionsverständnis der bürgerlichen Gesellschaft.

Die religiös-soziale Bewegung

Eine erste Etappe neuer theologischer Einsichten stand unter
dem Zeichen der *religiös-sozialen Bewegung,* die durch erste
Schriften von *Hermann Kutter* und von *Leonhard Ragaz* ausge-
löst und bald darauf von deren Freundeskreis gegründet wurde
(1906). Ihr ging es – wie Ragaz im Rückblick sagt – darum,
Gott und die soziale Not eng verbunden zu sehen, «die soziale
[Not] zunächst, aber diese nur als sichtbarste Erscheinungs-
form einer allgemeineren, auf den Grund der *Seele* reichende
Not: eine Ordnung, die das Gegenteil der Gotteswelt war;
eine Welt des Mammons, des Lasters, der Knechtschaft, der
Unmenschlichkeit, der Gottesferne; vor allem auch eine Religion ohne Gott, das heisst, ohne weltüberwindenden Glauben
an Gottes Wirklichkeit [...] bloss ein Anhang und eine Weihe
bestehender weltlicher Ordnungen, damit aber das schwerste
Hemmnis für die göttliche Wahrheit und der stärkste Bundes-
genosse und Schutzherr alles Unrechtes. Die soziale Not war
vor allem auch ein Ausdruck der *religiösen* Not. In der sozialen
Krise pochte Gott an die Tore einer Welt, die ihn vergessen
hatte».[7]

Die Religiös-Sozialen waren allerdings nicht die Ersten,
die sich mit der sozialen Frage befassten. Schon vor 1900 hatten sich andere Schweizer Pfarrer – vor allem aus der theo-

---

7   Leonhard Ragaz, *Weltreich, Religion und Gottesherrschaft II;* Erlen-
    bach-Zürich 1922, S. 378

logisch-liberalen Reformrichtung – für die Behebung sozialer Missstände eingesetzt. Eine bloss karitative Tätigkeit im Sinne der Inneren Mission erschien ihnen als ungenügend. So forderten sie zum Beispiel eine Verkürzung der Arbeitszeit für Frauen und Jugendliche, vermehrte Sicherheit am Arbeitplatz, eine Humanisierung des Strafrechts und die Bekämpfung des Alkoholismus. Weil etliche unter ihnen mit den Gewerkschaften zusammenarbeiteten oder – wie der «Weberpfarrer» Howard Eugster – solche gründeten und präsidierten, sahen sich einige unter ihnen genötigt, ihr Pfarramt aufzugeben, um als Journalisten, als Parlamentarier oder gar in der Exekutivbehörde für eine breitere Öffentlichkeit wirken zu können. Als Vertreter der politischen Linken oder gar als Mitglieder der damals noch verpönten Sozialdemokratischen Partei traten sie jedoch für eine pragmatische Politik der kleinen Schritte ein, lehnten Gewalt ab und distanzierten sich deutlich von der revolutionären, atheistischen Gesinnung der radikalen Sozialisten.[8]

Hermann Kutter (1869–1931)

Im Vergleich mit den sozialreformerischen Bemühungen solcher Vorgänger des religiösen Sozialismus wirkte dann Kutters Schrift «*Sie müssen*»[9] wie ein ins morsche Gefüge der Gesellschaft und des damaligen «Christentums» geworfener Sprengsatz, zugleich auch als Posaunenstoss einer sich ankündigenden neuen Theologie und Geschichtsschau. Der *lebendige Gott* greift nach Kutter wie in Vorzeiten wieder revolutionär in die Geschichte ein: «Die entscheidenden Revolutionen der Weltgeschichte sind: das Prophetentum Israels, die Erscheinung Jesu, die Reformatoren, die französische Revolution und die

---

8   Christine Nöthiger-Strahm, *Der deutschschweizerische Protestantismus und der Landesstreik;* Bern 1981, S. 118

9   Hermann Kutter, *Sie müssen;* Zürich 1903

Hermann Kutter, 1906 (links), mit Teilnehmern der religiös-sozialen
Konferenz in Degersheim

Sozialdemokratie».[10] Wie Gott in den Zeiten des Propheten
Jeremia einen «gottlosen» Despoten zum Gericht über sein
Volk herbeirief, so werden jetzt ausgerechnet die als gottlos ver-
schrieenen radikalen Sozialisten zum Werkzeug des lebendigen
Gottes. Sie *müssen* eine Christenheit aufrütteln, die die Kühn-
heit ihrer ursprünglichen Sendung vergessen hat: «Die Rollen
haben sich vertauscht. Die Kühnen und Gewaltigen sind matt
geworden, und die Matten, Geringen und Elenden kühn und
gewaltig. Was die Kirche tun sollte, das tun die Sozialdemo-
kraten. Wo Gott wohnen sollte, da bleibt er ferne, und wo
man ihn nicht anerkennt, da wohnt er».[11] Auch die achtbarsten
und rührigsten Vertreter eines modernen Christentums, die
sich im Sinne einer Reform mit dem sozialen Problem befassen[12], haben laut Kutter die Zeichen der Zeit nicht verstanden.
Ob dem vielen, mit dem sie sich befassen, sehen sie das Eine,
das jetzt nottut, nicht; ihr Christentum hat «bloss dekorativen
Charakter»[13]. Ihre braven Reformrezepte helfen nichts gegen
den grossen Gegenspieler Gottes: «Der Mammon hat sich
die Erde unterworfen; nicht nur die Herzen und Gedanken
der Menschen, sondern auch ihr Verhalten. Alle Erfindun-
gen, alle Neuerungen auf dem Gebiete der Technik hat er, er
allein sich angeeignet. Das, was die Menschen sonst von der
brutalen Übermacht der Naturgesetze befreit und sie zu Her-
ren der Natur gemacht hätte, ist unter seinen Händen zum
furchtbaren Werkzeug entartet, womit sie sich peinigen, zur
Sklavenpeitsche geworden, unter deren Schlägen eine wehr-
lose Masse sich krümmt. Je höher immer die Kultur gestiegen,
desto tiefer sank die Mehrzahl der Menschen. Je glorreicher der
Fortschritt, je herrlicher die Entwicklung, desto grausiger das

---

10 A. a. O., S. 92

11 A. a. O., S. 43

12 Kutter kritisiert hier die deutschen Christlich-Sozialen (Stöcker und
    Naumann).

13 A. a. O., S. 29

14

Geschick derer, durch deren Arbeit Fortschritt und Entwicklung möglich werden. Je mehr der Mensch dem Ziele seiner Sehnsucht entgegen zu kommen meint, desto grausamer wird er enttäuscht.»[14]

Eine Zeitdiagnose, die sichtlich vom kommunistischen Manifest inspiriert ist! Während die Sozialreformer mit Berufung auf die Natur, in der das evolutionäre Geschehen ohne willkürliche Sprünge und eigenmächtige Beschleunigungen vor sich gegangen sei, für eine Politik der kleinen Schritte plädieren, betont Kutter den anderen Gang der Geschichte: In ihr gebe es absolute Mächte, ewige Kräfte, die bisweilen gewaltsam die Entwicklung vorwärtstrieben. «Die Revolutionen im eigentlichen Sinne sind gleichsam die Vulkane der Ewigkeit in der Geschichte.»[15] Als Beispiel für solche in die Geschichte eingreifende ewige Kräfte dient Kutter die Sozialdemokratie: «Man sieht, dass sie revolutionär sein muss, eben deshalb, *weil sie sein muss*. Was sein und gelten muss, das ist immer revolutionär für seine Umgebung – mag es sich nun mit Worten oder mit Kanonen [!] begreiflich machen».[16]

Seinen eigentlichen Auftrag sah Kutter aber in der Kritik der Missstände im eigenen Berufsstand. In der Schrift *«Wir Pfarrer»*[17] befasst er sich eingehend mit der Korrumpierbarkeit des Pfarrerstandes anlässlich der Kasualpraxis: «Wir liessen uns von den Bequemlichkeiten unseres wählerischen frommen Publikums gängeln, wir vertieften uns mit ihm in die lächerlichen Wichtigkeiten alle, die es sein Christentum nannte und unterstützten durch unsere gesalbten Reden den Götzendienst, den es mit Dingen und Meinungen trieb [...] Das aber ist nacktes Heidentum [...] unsere Stellung zu den Menschen unter-

---

14 A. a. O., S. 3f.
15 A. a. O., S. 90f.
16 A. a. O., S. 93
17 Hermann Kutter, *Wir Pfarrer,* Leipzig 1907

scheidet sich in der Hauptsache in nichts von der der heidnischen Priester. Wir haben zu tun, was die Leute wollen, haben ihre ‹religiösen Bedürfnisse› zu befriedigen».[18] «Was sollen wir tun?», fragt er seine Amtsbrüder und gibt selber die Antwort: «Tun können wir überhaupt nichts, empfangen müssen wir. Von Gott selbst empfangen, was uns fehlt.»[19] Diese relativ rasche Beschränkung der Kritik auf den Raum der Kirche, die von Kutter als Selbstkritik und als Ausrichtung auf das Eine, von Gott her Notwendige, gemeint war, ist dann von Ragaz als gefährlicher Quietismus bezeichnet worden.

Leonhard Ragaz (1868–1945)

Ein Vergleich von Kutter und Ragaz weist auf ein paradoxes Phänomen: Kutter hat aufgrund seiner gründlichen theologisch-philosophischen Kenntnisse schon früh eine theologische Position formuliert, jedoch nie ein akademisches Lehramt übernommen. Ragaz dagegen, der schon recht früh eine Professur für Dogmatik in Zürich erhielt, hat seine grundlegenden Einsichten erst allmählich – und in steter Auseinandersetzung mit konkreten Zeitfragen und für ihn eindrücklichen persönlichen Begegnungen – ausformuliert. Ragaz sah Kutter in dessen Betonung des Gotteswortes näher bei Luther[20], sich selbst in der Betonung der Tat näher bei den liberalen Reformern der Schweiz, aber ebenso geprägt durch das Erbe der Zürcher und Genfer Reformation: Die geistigen Fundamente der Schweiz «fand ich im reformierten Christentum, wie es sich in Zwingli, aber mit noch viel grösserer weltgeschichtlicher Bedeutung in Calvin darstellte». Aus der «Theokratie der soli Dei gloria» sei die Demokratie entstanden, auf der die Schweiz ruhe, «die aber

---

18 A. a. O., S. 26
19 A. a. O., S. 45
20 Leonhard Ragaz, *Mein Weg I;* Zürich 1952, S. 102

Leonhard Ragaz, um 1915

als gewaltiger schöpferischer Strom auch in die Welt geflossen und zur grösseren Schweiz geworden sei»[21].

Von diesem Erbe her ist es verständlich, dass ihm zunächst das Alte Testament «näher und vertrauter, sozusagen verständlicher war als das Neue», dass für seine Überzeugung «auch das *politische* Wesen in den Bereich der Herrschaft Gottes» gehört»[22], wie auch seine Verbundenheit mit den Hoffnungen und sozialen Forderungen der Arbeiterschaft: «Die soziale Bewegung und ein recht verstandenes Christentum müssen sich immer wieder finden», sagte er schon 1910 bei der Abdankung eines Arbeiterführers, «wir reichen uns darum an diesem Grabe die Hände zu gemeinsamer Arbeit»[23]. In der Schweiz – und auch im Ausland – wurde er schon bald als Hauptinitiator der religiös-sozialen Bewegung und als Mitbegründer und späterer Hauptredaktor der Zeitschrift «Neue Wege»[24] bekannt, besonders aber auch durch umstrittene, prophetische Stellungnahmen in Konfliktsituationen: So reagiert er als Pfarrer am Basler Münster gleich auf den dortigen Maurerstreik von 1908: die Ereignisse der Vorwoche sind für ihn «Vorboten der gewaltigen, weltumgestaltenden Kämpfe und Katastrophen, denen wir immer näher kommen. Die soziale Bewegung ist eben das weitaus Wichtigste, was sich in unseren Tagen zuträgt [...] Wenn das offizielle Christentum kalt und verständnislos dem Werden einer neuen Welt zuschauen wollte, die doch aus dem Herzen des Evangeliums hervorgegangen ist, dann wäre das Salz der Erde faul geworden».[25] Weitere prophetisch-zeichenhafte Schritte erregten allgemeines Aufsehen: sein öffentliches Auftreten gegen den Militarismus (1914), der Rücktritt von sei-

21 A. a. O., S. 33
22 A. a. O., S. 180f.
23 Markus Mattmüller, *Leonhard Ragaz und der religiöse Sozialismus, Eine Biographie I;* Zollikon 1957, S. 73f.
24 Organ der religiös-sozialen Bewegung
25 Mattmüller, *Leonhard Ragaz und der religiöse Sozialismus*, S. 82f.

ner Professur (1921), verbunden mit dem Umzug ins Zürcher Arbeiterquartier als Zeichen seiner Entfremdung von der Kirche und vom akademisch-theologischen Betrieb[26], zuletzt seine Weigerung, sein Haus bei Fliegerangriffen zu verdunkeln und sein Kampf gegen die Pressezensur.[27]

Für seine theologische Arbeit wurde *ein* Hauptaspekt der biblischen Botschaft zentral, den er «als Kern und Stern der Bibel und der Sache Christi»[28] bezeichnete: die Botschaft vom Reiche Gottes als Gegensatz zur individualistisch verengten Soteriologie der bürgerlichen Religion und Kirche seiner Zeit. Schon vor seiner Begegnung mit Kutter und Blumhardt war ihm dieser weite Horizont der biblischen Botschaft aufgegangen und hatte sein Interesse auch auf «profane» Elemente der Kultur und Geschichte ausgerichtet, die er in seine theologische Geschichtsphilosophie einbezog. «Von fundamentaler Bedeutung» war für sein Denken die «geschichtsphilosophische Hauptkategorie des Unterschiedes zwischen der […] ruhenden Auffassung von Gott und Welt, welche das Heidentum, und der lebendigen Art, welche Israel repräsentiert, zu dem ich das Christentum rechne. Der Gegensatz zwischen Religion und Reich Gottes deckte sich damit». Repräsentiert ist dieser Gegensatz im «Kampf zwischen dem Priester und dem Propheten, der sich dann in der Geschichte des Christentums wiederholte»[29]. In den sechs Bänden seiner posthum erschiene-

---

26 Gründung der Stätte «Arbeit und Bildung» als volkshochschulartiges Zentrum

27 Ragaz hatte sich schon früh gegen Faschismus und Nationalsozialismus und ihre Ableger in der Schweiz gewandt, ebenfalls frühzeitig gegen die Judenverfolgung und führte deshalb einen zähen Kampf mit der Zensurbehörde. (Leonhard Ragaz, *Mein Weg II*; Zürich 1952, S. 335)

28 Ragaz, *Mein Weg I*, S. 230

29 A. a. O., S. 344

nen Bibelauslegung[30] schildert Ragaz das Eingreifen Gottes in die Geschichte durchgehend als einen Kampf des lebendigen Gottes gegen die «falschen Absoluten», d. h. fälschlich verabsolutierte irdische Mächte (Mammonismus, Nationalismus, Militarismus, Sexualismus), die mit Quantität imponieren, sich aber schliesslich als menschen- und naturzerstörerische Götzen entpuppen.[31]

Die religiös-soziale Bewegung hat einen spezifischen Akzent reformierter Theologie, der seit Zwinglis Schrift «Über die wahren Aufrührer» nie ganz vergessen wurde[32], wieder hervorgehoben: die prophetisch-ideologiekritische Wachsamkeit gegenüber jeglichem Ansatz zur Vergötzung irdischer Potenzen. Bei Kutter und Ragaz artikulierte sich dieser Akzent besonders auch in ihrer Religions- und Kirchenkritik. Ragaz hat die Spuren des Gottesreiches seit seiner Tätigkeit im Pfarramt und an der Universität immer mehr in Kreisen und Bewegungen wahrgenommen, die ausserhalb der etablierten Kirchen am Werk waren. In seiner Autobiografie erwähnt er auffällig viele Frauen, mit deren Wirken er sich freundschaftlich verbunden wusste; die Sache Gottes bezeichnete er betont als eine Bewegung, die weit in die «profane» Welt hinausgreift: «Darum ist […] das Gottesreich auch eine Weltsache»[33], zu der gerade auch Laien Wesentliches beitragen: «Die Sache des Gottesreiches hängt, menschlich gesprochen, vom Erwachen der Laien ab. Erst wenn sie von der Leidenschaft des höchsten Wahrheitssu-

---

30 Leonhard Ragaz, *Die Bibel, Eine Deutung;* Zürich 1947–50

31 In der vielbeachteten Schrift *«Die neue Schweiz»* hat Ragaz auch auf die Zerstörung der Bergwelt durch den Tourismus hingewiesen, S. 27 und S. 50.

32 Christian Zangger, in: *Die Reformierten, Suchbilder einer Identität,* hg. von Matthias Krieg und Gabrielle Zangger-Derron; Zürich 2002, S. 38ff.

33 Leonhard Ragaz, *Weltreich, Religion und Gottesherrschaft I*; Erlenbach-Zürich 1922, S. 135

chens ergriffen werden, erst wenn aus ihrer Mitte neues Leben bricht, kommt das Reich Gottes unter uns vorwärts.»[34]

Karl Barth und Emil Brunner haben diese Ansätze Kutters und Ragaz' dann auf je eigene Weise weitergeführt.

---

34 A. a. O., S. 241

Karl Barth (1886–1968)

«Theologie ist unter allen Umständen eine schöne, eine freudige Aufgabe [...] Als ich als ein junger Mensch damit anfing, war ich oft auch bekümmert und grämlich bei der Sache. Später konnte ich einsehen, dass man durch die Theologie, wenn man sie richtig anfasst, an einen Ort geführt wird, der – aller Schwierigkeiten, aller mühsamen Arbeit, die einen da erwartet, ungeachtet – ein heller Ort ist, an dem der Mensch bei aller Sehnsucht nach dem Sehen ‹von Angesicht zu Angesicht› (1. Kor 13, 13) *leben* kann: für sich und für Andere»[35]. Dieser Rückblick des reifen Barth verrät in vier Stichworten etwas von der Bewegtheit seines Lebens und theologischen Denkweges: anfassen und geführt werden, ausblicken und leben können.

Bedeutende Theologie formuliert sich im Kontext ihrer Zeit, lässt sich aber nicht von den Trends ihrer Zeit das Heft diktieren. So war es für den jungen Barth, sobald er sich zum Theologiestudium entschlossen hatte, selbstverständlich, dass er sich sofort bei den damals bekanntesten Dozenten Deutschlands sein fachliches Rüstzeug holte und sich (wenn auch zum Leidwesen seines konservativeren Vaters) der «modernen» Richtung zuwandte. Bezeichnend auch für seinen wachen Sinn für die profane Gesellschaft war, dass er in der Studentenver-

---

35   Eberhard Busch, *Karl Barths Lebenslauf,* Zürich 2005, S. 435

bindung der Zofinger[36] die soziale Frage als Vortragsthema vorschlug und dass er sich in seiner Aargauer Gemeinde Safenwil sofort in gründlichem Studium einschlägiger Literatur über die sozialen Probleme der Arbeiterschicht orientierte, Arbeiterinnen in Budgetfragen beriet und die Bildung von Gewerkschaften anregte.[37] Solche zeichenhaften Stellungnahmen zu brennenden Problemen in seiner Gemeinde hat er selber nicht überbewertet, auch wenn sie ihm etliche Anfeindungen einbrachten. Sie bedeuteten für ihn nichts mehr als selbstverständliche Schritte einer nüchternen Pragmatik.

Weniger selbstverständlich war für ihn der Predigtauftrag: «Ich weiss, was es heisst, jahraus jahrein den Gang auf die Kanzel unternehmen zu müssen, verstehen und erklären sollend und wollend und doch nicht könnend, weil man uns auf der Universität ungefähr nichts als die berühmte ‹Ehrfurcht vor der Geschichte› beigebracht hatte, die trotz des schönen Ausdrucks einfach den Verzicht auf jedes ehrfürchtige Verstehen und Erklären bedeutet».[38]

Das Stichwort «Ehrfurcht» ist für seine Einstellung zum Gegenstand seines Auftrages bezeichnend. Der Respekt vor der überlegenen Wirklichkeit Gottes prägte sein Bewusstsein, seinen Sinn für die Distanz zwischen der Sache Gottes und dem, was Menschen – auch er selbst in seiner theologischen Arbeit – bei bestem Wollen ausrichten können, denn «Gott ist im Himmel und du auf Erden»[39]. Das Versagen seiner akademischen Lehrer beim Ausbruch des Ersten Weltkrieges wie auch der entstandene Zwist in der religiös-sozialen Bewegung waren für Barth wohl wichtige äussere Anlässe, sich der Fragwürdigkeit vermeintlich sicherer Erkenntnisse und erworbe-

---

36 In der Studentenverbindung «Zofingia» hat Barth etliche spätere Freunde kennengelernt.

37 Busch, *Lebenslauf*, S. 79–84

38 Karl Barth, *Der Römerbrief*, Zollikon-Zürich 1921; Vorwort S. XII

39 A. a. O., Vorwort S. XIII

Karl Barth, 1939

ner Erfahrung bewusst zu werden. Ebenso erschütterte ihn das Versagen der deutschen Sozialdemokratie gegenüber der Kriegsideologie: «Viele unter uns wurden gründlich stutzig. Unsere muntere Kritik begann sich auf uns selbst zu richten», eine «neue Offenheit und Bereitschaft für weitere Einsicht»[40] wurde erforderlich, denn «das Reich Gottes fängt nicht erst bei unseren Protestbewegungen an. Es ist eine Revolution, die *vor* allen Revolutionen ist, wie sie auch vor allem Bestehenden ist».[41]

Unter dem Eindruck solcher Erschütterungen entwickelte Barth seine besondere Art, sich ernsthafter mit den Grundlagen theologischer Arbeit zu befassen: «Die Aufgabe der Theologie ist das Wort Gottes. Das bedeutet die sichere Niederlage aller Theologie und aller Theologen»[42], «denn wir sollen als Theologen von Gott reden. Wir sind aber Menschen und können als solche nicht von Gott reden. Wir sollen beides, unser Sollen und unser Nicht-Können, wissen und eben damit Gott die Ehre geben».[43] Das führt Barth dazu, in der «Einsicht in die Unvollkommenheit alles menschlichen Werkes […] sich frisch an die Arbeit zu machen»[44]. An dieser Einstellung zur theologischen Arbeit hat Barth zeitlebens festgehalten, auch in Selbstkorrekturen und präzisierender Weiterführung seiner ersten Ansätze. «Theologische Arbeit unterscheidet sich von anderer dadurch, […] dass, wer sie tun will, nie mit freiem Rücken von schon erledigten Fragen, von schon erarbeiteten Resultaten, von schon gesicherten Ergebnissen herkommen, dass er [der Theologe] heute keineswegs auf gestern schon von ihm geleg-

40 Busch, *Lebenslauf*, S. 94
41 Karl Barth, *Der Christ in der Gesellschaft*, in: Jürgen Moltmann (Hg.), *Anfänge der dialektischen Theologie I*, München 1974, S. 20
42 A. a. O., S. 217
43 A. a. O., S. 199
44 A. a. O., S. 213

ten Fundamenten weiterbauen, heute keineswegs von den Zinsen eines gestern angesammelten Kapitals leben kann, sondern darauf angewiesen ist, jeden Tag, ja zu jeder Stunde neu mit dem Anfang anzufangen [...] Fortfahren heisst in der Theologie immer: noch einmal *mit dem Anfang anfangen*. Angesichts ihrer radikalen Gefährdung kann es offenbar nicht anders sein: sie ist mächtig genug, um dem Theologen immer wieder den Boden unter den Füssen wegzuziehen, ihn zu nötigen, sich aufs neue nach Grund, auf dem er stehen kann, umzusehen», und er tut das nicht vergeblich, im Wissen darum, dass «der lebendige Gott selbst in seiner freien Gnade ihr Gegenstand ist».[45]

Gott als Gegenstand christlicher Glaubenserkenntnis: das war eine Thematik, die Barth schon in seinen frühen Werken begleitete, die ihm auch bei der Arbeit an seiner Kirchlichen Dogmatik stets vor Augen stand. Als lebendiges Gegenüber, als der «ganz Andere» entzieht sich Gott allgemein akzeptierten menschlichen Vorverständnissen und Kategorien; ähnlich hatten sich schon andere Theologen ausgedrückt. Dass aber Gott auf seine besondere Weise andersartig (*totaliter aliter*) ist und handelt, diese erste Intuition führte Barth im Laufe der Weiterarbeit zu einer nochmals überraschenderen, neuen Einsicht: In seiner Transzendenz ist Gott nicht nur jedem vorschnellen menschlichen Zugriff entzogen, sondern in seiner freien Gnade dem Menschen noch viel tiefer zugewandt, als dieser es sich aus eigenen Stücken hätte ausdenken können, d. h. in seiner Transzendenz auch frei zu einer besonderen Weise der Immanenz.

Da es nicht möglich ist, Barths Entfaltung dieser Grundeinsicht auf knappem Raum angemessen darzustellen, sollen hier nur zwei grundsätzliche Anliegen seiner Theologie hervorgehoben werden: zunächst der prophetisch-kritische Akzent,

---

45 Karl Barth, *Einführung in die evangelische Theologie;* Zürich 1962, S. 181f.

dann die Neuformulierung der biblischen Botschaft aufgrund seines christozentrischen Ansatzes.

Der prophetisch-kritische Akzent

Ein Element der biblischen Offenbarung, das Barth Zeit seines Lebens hervorgehoben hat, ist ihr prophetisch-kritischer, modern gesprochen: ihr ideologiekritischer Akzent, besonders scharf in seiner Frühphase, wo es ihm darum ging, sich von der Theologie des Neuprotestantismus abzusetzen, seines Erachtens einer Fehlentwicklung, die sich schon im 17. Jahrhundert angebahnt hatte. In drei Bereichen: a) in seiner Kritik der Religion, b) in seiner Kritik der natürlichen Theologie und c) in seiner Kritik der Neuzeit, soll im Folgenden die kritische Bedeutung von Barths Theologie exemplifiziert werden.

a) Schon 1919, in einem Artikel über Friedrich Naumann und Christoph Blumhardt, wendet sich Barth, inspiriert durch Blumhardt, gegen die gedankenlose Verwendung des Begriffes «Religion»: «Das unglückliche Wort ‹Religion›, in dem zugleich jene Unbeweglichkeit der ‹wirklichen› Welt enthalten ist […], mit dem sich der Mensch, des Lebens müde, dem fernen Unbekannten zuwendet, kam in Möttlingen und Boll [bei Vater und Sohn Blumhardt] nicht mehr vor. ‹Gott›, nach dem diese Menschen fragten und von dem sie zeugten, war der *lebendige* Gott. In dem doppelten Sinn: dass sie ihn wieder wie die Bibel verstehen wollten als den, der *lebt*, von dem neue Taten, Kräfte und Erweisungen zu erwarten sind, und dass sie sein Reich nicht nur in den Seelen der einzelnen Menschen oder im fernen Himmel, sondern vor allem und zuerst im *Leben*, gerade im ‹wirklichen› Leben der Menschen auf der Erde suchen und erwarten wollten […] Die kirchliche Auffassung, dass die Welt im Grossen und Ganzen im Argen liege und liegen bleibe, während allerdings im einzelnen durch die Religion manches gemildert, erleichtert und verbessert werden könne, kehrten sie gerade um: Es gibt im einzelnen auch ohne Religion viel Gutes und Hoffnungsvolles, viele Gleichnisse des Göttlichen in der Welt, sie bedarf und harrt aber im Ganzen einer durchgreifenden Erlösung und Neuordnung, nicht durch Religion, sondern durch die realen Kräfte Gottes [...] Es ist diese neue Erkenntnis auf der ganzen Linie und in allen Stücken bis auf den heutigen Tag der volle Gegensatz zu der allgemeinen Kirchen- und Pfarrerreligion aller Konfessionen».[46]

Steht hier die christliche Hoffnung im Gegensatz zur Religion als einer Verklärung des Bestehenden, so wird in der Kirchlichen Dogmatik das Phänomen «Religion» als der zwar unausrottbare, aber doch letztlich ohnmächtige Versuch des sündigen Menschen dargestellt, der Selbstoffenbarung Gottes Widerstand zu leisten: «Religion ist Unglaube; Religion ist eine Angelegenheit, man muss geradezu sagen: *die* Angelegenheit des gottlosen Menschen», ein Urteil, das «nicht nur irgendwelche andere mit ihrer Religion, sondern [...] auch und vor allem uns selbst als Angehörige der christlichen Religion treffen» soll.[47]

b) Kritik der «natürlichen Theologie»: Barths Konzentration auf das Wunder der Selbstoffenbarung Gottes im Christusereignis macht es begreiflich, dass er an einem Vorbau eines allgemeinen Gottesbegriffs in die christliche Theologie, d. h. an der sogenannten «natürlichen Theologie» nur entschieden ablehnend «vorbeigehen kann», trotz ihrer weitgehenden Anerkennung seit den Anfängen der christlichen Theologie, «weil jede solche Theologie schon in ihrem Ansatz anderswohin schaut als dahin, wo Gott sich selbst hingestellt hat, und damit schon in ihrem Ansatz ein Attentat auf den christlichen Got-

46 Siehe Karl Barth, *Vergangenheit und Zukunft*, in: Moltmann, *Anfänge der dialektischen Theologie I*, S. 44f..
47 Karl Barth, *Kirchliche Dogmatik I/2*, Zollikon-Zürich 1938, S. 327; im Folgenden zitiert als KD

tesbegriff bedeutet».[48] Barth übersieht allerdings die erstaunliche Vitalität der natürlichen Theologie nicht, zu der sie nach jeder Widerlegung in neuer Version wieder auftaucht «wie eine Wucherpflanze die scheinbar gesündesten Stämme umschlingen, krank machen und schliesslich zum Absterben bringen» kann.[49] Er weiss auch den Grund dieser ihrer Zählebigkeit anzugeben: «Die natürliche Theologie hat gegenüber jeder anderen Theologie zum vornherein den Vorteil des schlechthin Bekannten und Gewissen gegenüber dem schlechthin Neuen und Unbekannten».[50] Ihre Stärke liegt auch darin, dass sie eine Offenbarungstheologie neben sich dulden kann, allerdings mit dem fragwürdigen Nebeneffekt einer allmählichen Verbürgerlichung, Verharmlosung und Nutzbarmachung des Evangeliums für ihren Streit gegen die Gnade».[51] Dennoch versteht auch sie sich als christliche Theologie, will aus seelsorgerlich-pädagogischen Gründen im Gespräch mit dem der Kirche entfremdeten oder ungläubigen Menschen zunächst nur methodisch die spezielleren Offenbarungsgehalte ausklammern, treibt aber in dieser Maskierung mit dem ungläubigen Menschen ein unlauteres Spiel: «Wird die Vorläufigkeit und also Uneigentlichkeit des Verfahrens, in welchem die natürliche Theologie den Unglauben über sich selbst hinauszuweisen gedenkt, vom Objekt der versuchten Erziehung her als solche durchschaut, dann wird sie darum verstockend wirken».[52] Das Verfahren hat ja nur «den Ernst des sich zum Kinde herniederbeugenden Erziehers».[53] «Wer mit ihm spielen zu können meint, den wird das Kind in die Finger beissen».[54] Barth hat zeitlebens einen ehrlichen Atheismus als offensichtlichen Streit gegen die Gnade milder

48 KD II/1; Zollikon-Zürich 1940, S. 140
49 A. a. O., S. 140
50 A. a. O., S. 152
51 A. a. O., S. 158
52 A. a. O., S. 103
53 A. a. O., S. 99
54 A. a. O., S. 104

beurteilt als die praktizierte Verleugnung des Namens Christi in der christlichen Kirche.[55]

c) Kritik des neuzeitlichen Denkansatzes: Barths Konzentration auf den Gegenstand des christlichen Glaubens hat ihn nicht gehindert, sich auf seine Weise, d. h. nicht im Sinne einer allzu bemühten Apologetik, mit dem profanen Denken der Vergangenheit, das sich bis in die Gegenwart auswirkt, auseinanderzusetzen, vor allem auch mit den Denkansätzen der Neuzeit, die sich ja auch in der Theologie des 17. und 18. Jahrhunderts abzeichneten, vor allem in der Tendenz zu einer «Humanisierung» des Christentums. Unter «Humanisierung» versteht Barth hier «die Einbeziehung Gottes in den Umkreis des souveränen menschlichen Selbstbewusstseins, die Verwandlung der von aussen herantretenden und zu vernehmenden in eine innerlich erlebte und verstandene Wirklichkeit. Innerlich erlebt und verstanden, d. h. aber: angeeignet für den Menschen, einbezogen in das menschliche Vermögen, begriffen als eine solche Wirklichkeit, die aus dem Menschen selbst nacherzeugt werden kann und, um als Wirklichkeit zu gelten, nacherzeugt werden muss. Erlebt und verstanden, d. h. begriffen als Stoff, für die der Mensch Form zu sein ebenso in der Lage ist, wie er sich als Form der Natur und der Geschichte gegenüber durchzusetzen wusste.»[56] Der leicht ironische Ton, in dem Barth eine philosophische Tendenz, die von Descartes bis zu Hegel reicht, und eine parallel zu ihr verlaufende theologische Strömung kritisch kommentiert, hat seinen Grund in Barths Auffassung, dass dieser Vereinnahmungs- und Domestizierungsversuch nie ganz gelungen, vielmehr am lebendigen Gegenüber Gottes, am Gegenstand der Theologie gescheitert

---

55 Siehe: Karl Barth, *Das christliche Leben. Fragmente aus dem Nachlass zu KD IV,4,* hg. von Hans-Anton Drewes und Eberhard Jüngel; Zürich 1976, S. 235

56 Karl Barth, *Die protestantische Theologie im 19. Jahrhundert. Ihre Vorgeschichte und Geschichte;* Zürich 1947, S. 64.

ist. Im Rückblick wird deutlich, dass auch Heidegger[57] mutatis mutandis später zu einer ähnlichen Kritik der neuzeitlichen Denkstruktur gelangt ist und dass Emmanuel Lévinas diese Kritik noch ausweitet, wenn er sagt, die ganze bisherige abendländische Philosophie sei eine «Egologie» [Lehre von der Ichheit] indem ihr Erkennen darauf hinauslaufe, das Sein seiner Andersheit zu entkleiden. Dass Barth sich jedoch nicht nur in kritischer Weise, sondern auch in positiver Aufnahme ihrer Anliegen mit der Neuzeit befasst hat, ist inzwischen erkannt worden.[58]

Der christozentrische Ansatz

«Jesus Christus wie er uns in der heiligen Schrift bezeugt wird, ist das *eine* Wort Gottes, das wir zu hören, dem wir im Leben und im Sterben zu vertrauen und zu gehorchen haben». Mit dieser ersten These der Erklärung von Barmen macht Barth deutlich, warum und in welchem Sinn er sich nicht nur von der Irrlehre der «Deutschen Christen» [antisemitische und am Führerprinzip orientierte Strömung im deutschen Protestantismus], sondern von einer breiten, auf sie hinführenden Tradition kritisch distanzieren musste. In seiner Kirchlichen Dogmatik und den sie begleitenden Schriften hat er dann ausführlich expliziert, zu welchen Einsichten und Ausblicken ihn diese christologische Konzentration geführt hat. Barth erweist sich in diesen Werken als ein Denker mit weitem Horizont, der auch scheinbar Altvertrautes überraschend neu sehen kann und bei allem Respekt vor seinen Vorgängern kühne Eingriffe in die Aussagen bisheriger Lehrer – auch der Reformatoren – nicht scheut und sich so als im eigentlichen Sinn «kritischer als

57 Martin Heidegger, *Holzwege;* Frankfurt a. M. 1950, S. 100–102
58 Dieter Schellong, *Karl Barth als Theologe der Neuzeit,* Theologische Existenz heute 173; München 1973, S. 84

die Kritischen» erweist, auch kritisch gegenüber eigenen vorläufigen Positionen.

An der kühnen Neubearbeitung der Prädestinationslehre (KD II/2) lässt sich wohl am deutlichsten der besondere Denkstil und der Sachgehalt von Barths theologischer Arbeit ablesen. Die in der Frühzeit ins Auge gefasste Andersartigkeit Gottes erschliesst sich ihm später (siehe seine Schrift «Die Menschlichkeit Gottes») in einer überraschend neuen Dimension: Als andersartig erweist sich Gott, nicht bloss in seiner Unerfassbarkeit für menschliche Denkmuster, sondern in seiner noch viel unfassbareren – und nur am Christusgeschehen ablesbaren – innersten Zuwendung zum Menschen. Das sollte sich nun gerade auch an der Prädestinationslehre, dieser Crux bisheriger Theologie, erweisen. Schon auf den ersten Seiten wird ersichtlich, dass Barth dieses schwierige Thema der Dogmatik als Inbegriff der guten Nachricht von Jesus Christus versteht: «Die Gnadenwahl ist die Summe des Evangeliums [...] das ganze Evangelium, das Evangelium in nuce [im Kern]».[59]

Diese spezielle Sicht hatte Barth schon in den ersten beiden Halbbänden seiner Dogmatik angedeutet, besonders auch in seiner Gotteslehre (KD II/1), im Abschnitt über die Herrlichkeit Gottes als sein «Transeuntwerden» [der Prozess des über sich Hinausgehens] und als «sich selbst mitteilende Freude seines Gottseins».[60] Diese wird entfaltet am Beispiel der Trinitätslehre und der Fleischwerdung Gottes: «Kann man [...] die Einheit [Gottes] mit sich selbst: die höchste Betätigung und Bestätigung dieser Einheit, in der Gott gerade durch Jesus Christus handelt, nicht genug hervorheben, so ebenso wenig seine Tiefe, in der er sich von sich selbst unterscheidet, sich einem ganz Anderen, als er selbst ist, öffnet, erschliesst, hingibt, einem Anderen höchste Gemeinschaft mit sich selber verleiht,

---

59 KD II/2; Zollikon-Zürich 1942, S. 13
60 KD II/1, S. 730

seine Existenz gewissermassen erweitert zur Koexistenz mit diesem Anderen, indem er wahrer Gott bleibend, ja gerade darin als der wahre Gott lebend, wahrer Mensch wird. Man bedenke: Mensch *wird* [...] das ist mehr als Schöpfung, Erhaltung und Regierung, das ist die Herablassung Gottes selbst». «Was hier erwählt wird, das ist kein edles, kein Gott Ehre machendes [...] sondern ein mit allen Kennzeichen der Verwerfung versehenes Gefäss».[61] Was in KD II/1 als Wesenseigenschaft Gottes unter noch formalem Aspekt umschrieben wird, das wird in KD II/2 (wie dann auch in der Schöpfungs- und Versöhnungslehre, KD III und IV) inhaltlich entfaltet. Auch die Prädestinationslehre entwickelt Barth aus dieser besonderen Beziehung Gottes zum Menschen, in der Gott der wahre Gott und der Mensch der wahre Mensch ist. Um dieses besondere Verhältnis in Jesus Christus geht es, und nur von ihm her kann das allgemeine Verhältnis Gottes zum Menschen erschlossen werden, weil es in ihm beschlossen ist. Es geht in der Erwählung wohl letztlich um die ganze Menschheit und mit ihr auch um die Erwählung jedes Einzelnen, zunächst aber ausschliesslich um *einen* Menschen und das zu ihm gehörige Menschenvolk. Von dieser Denkform her wird es verständlich, dass Barth sich von der bisherigen Sicht eines gegenüber dem Menschlichen isolierten Gottes wie auch eines gegenüber Gott isolierten Menschen als Einzelperson, von einer Deutung der Prädestination als eines «Privatverhältnisses», d. h. von einer am Seelenheil des Individuums interessierten Perspektive absetzen will.

Es könnte nun fast scheinen, als habe Barth – als Ausweg aus den Aporien von Augustin und Calvin – «des Rätsels Lösung» gefunden, indem er die Problematik zunächst auf zwei einfachste Sätze reduziert, «dass Jesus Christus der *erwählende Gott,* und dass er der *erwählte Mensch* ist».[62] Für Barth bedeutet aber Gottes Offenbarung stets lebendige Rede, Tat und

---

61 A. a. O., S. 747
62 A. a. O., S. 110

Geheimnis zugleich, so auch hier, wenn er im Vorausblick auf die Versöhnungslehre die *praedestinatio gemina* [doppelte Prädestination] näher umschreibt: «In der Erwählung Jesu Christi, die der ewige Wille Gottes ist, hat Gott dem Menschen das Erste, die Erwählung, die Seligkeit und das Leben, sich selber aber das Zweite, die Verwerfung, die Verdammnis und den Tod zugedacht».[63] Dieser Solidarität Gottes mit dem sündigen Menschen hat dann die Solidarität der von Gott Berufenen mit den anderen Menschen zu entsprechen, denn «wer und was ein Erwählter ist, das ist ja streng und genau doch nur aus dem Menschenbild des einen Jesus Christus zu entnehmen […] Gibt es andere, die das auch sind, dann daraufhin und kraft dessen, dass er es zuerst und eigentlich ist, dann eingeschlossen in seiner Erwählung […] Dürfte und wollte man von seiner Erwählung absehen, so könnte man alle Anderen nur als Verworfene verstehen und bezeichnen». «Ebenso ist nun auch, wer und was *ein* Verworfener ist, streng und genau nur dem Bild des einen Jesus Christus zu entnehmen […] Er ist der verworfene Einzelne».[64]

Man hat dieser Auffassung gelegentlich das Etikett «Christomonismus» verpasst. Dabei handelt es sich jedoch um ein Missverständnis. Das zeigt sich darin, dass Barth zwischen den Abschnitt über «Die Erwählung Jesu Christi» und denjenigen über «Die Erwählung des Einzelnen» den Abschnitt über «Die Erwählung der Gemeinde» (in ihrer Doppelgestalt als Israel und Kirche) einschiebt. Das Christusereignis wird ihm dabei ein Schlüssel zum Verständnis auch der alttestamentlichen Sicht des Erwählungsthemas. Umgekehrt wird ihm das Alte Testament auch ein Schlüssel zu einer nicht bloss heilsindividualistischen Lektüre des Neuen Testamentes.

---

63 A. a. O., S. 177
64 KD II/2, S. 387 und 388

Besonders aufschlussreich ist in dieser Hinsicht der ausführliche Exkurs über die funktionale Bezogenheit und Verschränkung im Gegenüber von «Erwählten» und «Verworfenen» wie Abel und Kain, Jakob und Esau, David und Saul[65], die je in ihrem relativen Licht und ebensolchem Schatten auf den kommenden Erwählten Gottes hinweisen. Barth hat zeitlebens die Nahen und die Fernen, die Christusgemeinde als die vorläufige Umgebung Jesu und die anderen Menschen, in Christus aufeinander bezogen gesehen.

Von dieser Einstellung gab er in seinen letzten Jahren ein eindrückliches Zeugnis, indem er neben seiner theoretischen Tätigkeit und dem Empfang von Besuchen aus aller Welt fast ausschliesslich im Basler Gefängnis predigte und mit den dort Inhaftierten ins Gespräch trat: «Wenn es Einen gegeben hat, der solidarisch gerade mit den Gefangenen war, so war Er es; Jesus Christus, das ist der Herr, dein Erbarmer: dieser Gefangene, der dein, der unser aller Befreier ist».[66] Barth verstand sein Lebenswerk nicht als neutrale, abgeschlossene Doktrin. Die Verheissung der siegreichen Gnade Gottes kann für sein Verständnis nur in Du-Form verkündet werden.[67] So sind in der Gestalt Jesu der innere und äussere Kreis verbunden. Wenn Barth in seiner Frühzeit eher durch scharfe Abgrenzungen hervortrat, war es ihm später ein grösseres Anliegen, auf die innere Sinnhaftigkeit der Christusoffenbarung hinzuweisen. So hält er es in seiner christologisch begründeten Anthropologie nicht für unmöglich, «sich zu fragen, ob Leib und Seele Jesu sich nicht auch so zueinander verhalten möchten, wie im Ganzen der Schöpfung: der Himmel und die Erde – oder wie im Versöhnungswerk Christi: die Rechtfertigung und die Heiligung – oder wie im Worte Gottes: das Evangelium und das Gesetz – oder in der Verantwortung des Menschen vor Gott: der Glaube

---

65 A. a. O., S. 391–453
66 Busch, *Lebenslauf*, S. 430
67 KD II/2, S. 356

und die Werke [...] oder wie in der inneren Gliederung des Reiches Christi: die Kirche und der Staat».[68] Auch wenn hier solche Analogien nur als erwägenswert betrachtet werden, weisen sie doch auf den Gesamtduktus von Barths Dogmatik hin und zugleich auf die in ihr gespiegelte Vertrauenswürdigkeit und den universal offenen Horizont der christlichen Botschaft, die seines Erachtens tragfähiger ist als eine allzu bemühte kirchliche Apologetik.

Der katholische Theologe Hans Urs von Balthasar hat seiner Hochachtung der theologischen Arbeit Barths so Ausdruck gegeben: «Man muss doch wohl bis auf Thomas zurückgehen, um dieses Freisein von jeder Spannung und Enge, diese völlige Überlegenheit des Verstehens und der Güte wiederzufinden, einer Güte, die bei Barth nicht selten die Färbung des Humors, aber vor allem einen ausgesprochenen Geschmack für Tempo giusto, gedanklichen Rhythmus, annimmt.»[69] Der Tübinger Theologe Eberhard Jüngel hat in einem Artikel zu Barths 100. Geburtstag ein theologisches Weiterdenken gefordert, das nicht hinter Barths grundlegende Einsichten zurückgehe: «Karl Barth hat kraft seiner durch und durch theologischen Existenz am 20. Jahrhundert, oft genug im Widerspruch zu dessen Selbstverständnis, mitgebaut. Er ist aus dem Saeculum nicht wegzudenken».[70]

---

68 KD III/2; Zollikon-Zürich 1948, S. 412

69 Hans Urs von Balthasar, *Karl Barth, Darstellung und Deutung seiner Theologie*; Olten 1951, S. 36

70 Neue Zürcher Zeitung 10./11. Mai 1986

Emil Brunner (1889–1966)

In einer etwas schwierigen persönlichen Konstellation zu Kutter und Ragaz einerseits und später zu Eduard Thurneysen und Barth anderseits kam Emil Brunner dazu, seinen eigenen Beitrag zum theologischen Umbruch zu artikulieren. Brunner, schon als Konfirmand in Kutters Klasse von dessen persönlicher Ausstrahlung beeindruckt, wurde später von Kutter wohlwollend gefördert; während eines Studienurlaubs von Kutter hatte er Gelegenheit, als dessen Vertreter im Pfarrhaus Neumünster zu wohnen; seit seiner Einheirat in die Kutter'sche Familie nannte er ihn «Onkel». Unterdessen hatte er als Student in Zürich aber auch Ragaz als seinen «wichtigsten Lehrer» schätzen gelernt. Als er nach einer kurzen Pfarramtsvertretung in Leutwil seinen besten Freund aus dem CVJM Zürich, Eduard Thurneysen, für diese Stelle empfahl und schliesslich eine eigene Pfarrstelle im Glarner Bergdorf Obstalden übernahm (1916–1924), zählte er sich zu den religiös-sozialen Kreisen und exponierte sich dort im Eintreten für sozial benachteiligten Gemeindeglieder und in kritischen Zeitungsartikeln gegen das bürgerlich-kirchliche Establishment.[71]

---

71 Ich beziehe mich hier auf die Biografie Emil Brunners von Frank Jehle, der auch die folgenden Zitate entnommen sind: Frank Jehle, *Emil Brunner, Theologe im 20. Jahrhundert;* Zürich 2006

Seine Zwischenposition zwischen Kutter und Ragaz führte den auf seine Eigenständigkeit bedachten jungen Theologen Brunner bald in schmerzliche Ablösungskonflikte mit seinen Lehrern, die recht empfindlich auf die kritischen Anfragen ihres Adepten reagierten, die sie als Treulosigkeit empfanden. So antwortete Ragaz 1916 nach längerem Schweigen auf einen ihm gegenüber kritischen Artikel Brunners für die «Neuen Wege», es wäre besser gewesen, «anstatt gegen uns zu polemisieren und Mängel vorzuwerfen, uns zunächst kennenzulernen». Ähnlich gereizt reagierte Kutter auf eine Predigtkritik Brunners, in der dieser es gewagt hatte, Kutters einseitiges Abstellen auf Gott als einzige Hilfe durch den Hinweis auf nötige soziale Samariterdienste (als zu berücksichtigendes Vorletztes vor dem entscheidenden Letzten) zu ergänzen. «Das Sittliche kann nicht warten, bis alles ‹von selbst› kommt», schrieb Brunner in einem nicht abgeschickten Brieffragment. In solchen Vorstössen, in denen er sich an seinen väterlichen Förderern rieb, äusserte sich Brunner bereits über seine persönliche Eigenart und Denkweise: «Ich habe noch kaum etwas geschrieben oder gedacht, ohne dabei beständig gegen einen Gegenredner zu polemisieren», und «Denken heisst für mich polemisieren», schrieb er am 1916 an Ragaz. Das Muster der späteren Konflikte mit Barth und Thurneysen zeichnet sich hier bereits ab.

Brunner tritt als jüngerer Kampfgenosse in die Reihe der Pioniere. Da er sich in seinem Bergdorf etwas isoliert fühlt und sich nach einem lebhaften Gedankenaustausch sehnt, lädt er seine Freunde dringend zu Besuchen bei ihm ein und unternimmt auch ausgedehnte Fussmärsche, etwa von Obstalden nach St. Gallen, um mit seinen Freunden zu debattieren, stets darauf bedacht, gewisse Einseitigkeiten an ihren Positionsbezügen zu korrigieren, aber auch bereit, berechtigte Gegenkritik entgegenzunehmen.

Zeitlebens wird er die geistige Überlegenheit Barths anerkennen; er nennt ihn in einem Brief den «Stern mit der grös-

Emil Brunner

seren Masse und folglich mit der grösseren Anziehungskraft», verschweigt aber ehrlicherweise auch nicht «eine kleine und kleinliche Eifersuchtsregung», derer er sich schäme.[72] Bis zu Brunners Lebensende sollte die tragische Spannung zwischen seiner Suche nach Anerkennung und Freundschaft und der gleichzeitigen Rivalität andauern. Brunners Sohn Hans Heinrich – selbst in einer Zwischenposition zwischen seinem Vater und Barth – hat in seinem Buch «Mein Vater und sein Ältester» das Gegenüber dieser Rivalen und ihrer speziellen Anliegen in einem längeren Abschnitt[73] ausgewogen dargestellt. Beide wussten sich einig in ihrem Ausgang von der biblischen Offenbarung und in der (freilich nicht unkritischen) Hochschätzung der Reformatoren. Brunner wendet sich aber in seinen Interessen, in ausgiebiger philosophischen Lektüre und in seiner kritischen Zeitanalyse früher und betonter *nach aussen*: zu der Auseinandersetzung mit den seinerzeit einflussreichen Geistesströmungen der säkularen Zivilisation und zur angelsächsischen Welt, die er als Lehrer in England (1913/14) und später während eines Studienaufenthaltes in New York (1919/20) kennen- und schätzen gelernt hat. Dort faszinierten ihn auch die Lebensgemeinschaften am Rand des kirchlichen Spektrums wie auch die Begegnung mit vielen eindrücklichen Personen anlässlich von Besuchs- und Vortragsreisen. Solche Eindrücke – wie auch die spätere Erfahrung mit der Oxfordgruppenbewegung[74] und dem Freundeskreis um die kirchliche Heimstätte Boldern – haben wohl den Anstoss zu seiner spä-

---

72 *Karl Barth–Emil Brunner, Briefwechsel 1916–1966*, hg. von Eberhard Busch, Karl Barth-Gesamtausgabe, Bd. 33, Zürich 2000, S. 161. Im Folgenden zitiert als Briefe B/B

73 Hans Heinrich Brunner, *Mein Vater und sein Ältester;* Zürich 1986, S. 121–138, im Folgenden zitiert als HHB

74 Eine von Frank Buchmann ausgehende Grossevangelisationsbewegung, Vorläuferin der «Moralischen Aufrüstung». Siehe auch HHB S. 69–76

teren institutionskritischen Schrift «Das Missverständnis der Kirche» gegeben.

Der Wille, von dem prinzipiell anerkannten Fundament der Bibel und des reformatorischen Erbes nach aussen zu gehen als ein Lehrer mit pädagogischem Drang, mit Begabung für anschauliche Formulierung und grossem Sachwissen, führte ihn zum Desiderat einer «Eristik» (Kunst des Streitgesprächs) als einer «anderen Aufgabe» der Theologie, zu Publikationen im Bereich der Ethik und zu einer Wiederaufnahme des Problems «Natur und Gnade», d. h. zu Schriften, in denen er Barth kritisch und positiv provozierend zu ergänzen versuchte.

Gegenüber Barths frühen Einwänden präzisiert Brunner seine eigene Sicht der Eristik, dieser «anderen Aufgabe» der Theologie: «Ich meine *theologische* Eristik, ein Aufdecken der Illusionen vom Evangelium her, aber freilich ein solches, das nicht schon den Glauben des Anderen voraussetzt, sondern in dem sich das Wegräumen von Glaubenshindernissen vollzieht».[75] Gegenüber dem Vorwurf Barths, er betreibe «Journalismus» und gegenüber dessen Mahnung, er möge doch «bei der Sache bleiben», verteidigt Brunner im Blick auf die Alte Kirche die Berechtigung der eristischen Methode, die den Inhalt der Offenbarung in der Auseinandersetzung mit gerade aktuellen Gegenströmungen zu explizieren sucht: «In diesem Sinne ist die meiste ganz grosse theologische Arbeit journalistisch [...] sie bewährt sich als eine genaue Parallele zu echtem christlichem Handeln, das auch nicht systematisch, sozusagen auf Vorrat, programmatisch vor sich geht, sondern nimmt und tut, ‹was vor der Hand liegt›. Ich würde das gegenüber der Dogmatik als primäre Theologie bezeichnen, wie sie auch geschichtlich primär ist. Der Übergang zur Dogmatik pflegt immer schon der Übergang zur jeweiligen Scholastik zu sein [...] Dogmatik ist bereits ‹zeitlos geworden›, weil von der Besonderheit

75 Briefe B/B, S. 175

des geistigen Kampffeldes absehende, den ‹Journalismus› der Gelegenheitstheologie verachtende und ihn durch zeitlose Klassik – durch Arbeiten auf lange Sicht – ersetzen wollende Theorie».[76] Besonders das Kapitel der Anthropologie – der imago-Dei-Lehre [Lehre von der Gottesebenbildlichkeit des Menschen, Gen 1,26f.] – bedürfe jetzt einer gründlichen Revision, auch gegenüber eigenen und Barths früheren Entwürfen: «Das Kapitel de homine ist nicht an sich das wichtigste, wohl aber dasjenige, wo die Wurzeln des heutigen Denkens, also des Widerstandes gegen das Evangelium liegen.»[77]

Diese Briefstellen wirken wie ein Programm für Brunners weitere Arbeit, eine kämpferisch-missionarische Theologie an der Wegkreuzung zwischen dem Evangelium und dem profanen Denken. So wird er in der Schöpfungslehre seiner Dogmatik schreiben: «Die christliche Lehre vom Menschen ist in zweifacher Hinsicht von besonderer, man möchte sagen unvergleichlicher Bedeutung, einmal als gemeinsamer Gegenstand im Gespräch mit der ungläubigen Welt, anderseits als Basis der sozialen Ethik. Die Erkenntnis des Menschen ist das gemeinsame Thema und das gemeinsame Interesse der weltlichen und der christlich-theologischen Weisheit. An Gott kann man sich – wenigstens scheinbar – desinteressieren, am Menschen nicht».[78]

Im Gegensatz zum Wahrheitsbegriff der Philosophie kennt die Bibel aber keinen abstrakten Menschenbegriff – wie sie auch keinen abstrakten Gottesbegriff kennt, sondern sieht den Menschen unter dem Ruf des Schöpfers und Erlösers als ein Sein-von-Ihm-her und Sein-zu-Ihm-hin. Diese Erkenntnis des Glaubens entfaltet Brunner in seinem Buch «Wahrheit

---

76 A. a. O., S. 176
77 A. a. O., S. 176–178
78 Emil Brunner, *Dogmatik II*, S. 57, in: Emil Brunner, Dogmatik I–III; Zürich und Stuttgart 1946/1950/1960

als Begegnung». Es gehört «zum Geheimnis des Menschen als Menschen, als Person, dass er im Christuswort nicht allein seinen göttlichen Ursprung, sondern zugleich den Widerspruch zu diesem seinem Ursprung, seinen ‹Sündenfall› vernimmt […] Der Mensch ist nicht allein das von Gottes Wort geschaffene, sondern ebenso das von seinem Ursprung entfremdete Wesen».[79] «Diese Erkenntnis ist aber keine theoretische, sondern eine ethische, die nur im Einsatz unserer ganzen Person zu gewinnen ist».[80] Sie beruht auf einer Selbstmitteilung Gottes an den sündigen Menschen in personaler Anrede: «Wahrheit als Begegnung ist das Du-Wort, welches das verschlossene Ich öffnet. Es ist nicht der Denklogos der Griechen, sondern das kommunikative Wort, durch welches das Ich wieder in seine Stellung, welche ihm zukommt, versetzt wird, durch das es wieder vernehmendes, auf seinen Grund gegründetes Ich-vom-Du-her wird». Eigentlich müssten wir in Entsprechung zu Gottes Selbstmitteilung uns unsererseits anderen Menschen mitteilen können. Dazu aber sind wir von uns aus nicht fähig: «Dem anderen, dem Du an unserem Ich teilzugeben, daran hindert uns der unaufhebbare Selbstverschluss. Indem wir nur ‹etwas› mitteilen […] geben wir dem anderen nur das preis, was wir haben, nicht das, was wir sind».[81]

Ähnlich steht es mit der Aufnahme der Selbstmitteilung Gottes, seiner Offenbarung in Christus, durch den Menschen. Ein blosses Hören würde nicht genügen: «Das blosse Aufnehmen wäre spiegelhafte Subjektivität, die nur einem Objekt gegenüber, nicht aber einer Person als Person gegenüber statthaben kann. Vielmehr muss […] dem Wort Gottes ein antwortender Akt des Menschen entsprechen, in dem die Person in ihrer Totalität aufgeboten ist, um die Selbsthingabe Gottes zu empfangen, eine höchste personhafte Aktivität, deren Sinn

---

79 Emil Brunner, *Wahrheit als Begegnung*, Zürich 1938, S. 41
80 A. a. O., S. 43
81 A. a. O., S 27f.

doch das Empfangen ist». Ein solcher Akt ist der Vertrauens-
gehorsam [biblisch *pistis*], «ein zweiseitiges, aber einsinniges
Verhältnis», für Brunner eine Grundkategorie der biblischen
Offenbarung. Er prägt dafür den Begriff der *personalen* Kor-
respondenz. «Der Glaube ist die einzig ‹entsprechende› Hin-
nahme des Gotteswortes, die richtige, sachgemässe Antwort
auf Gottes erstes, grundlos begründendes Schöpferwort».[82]

Brunner redet aber auch von einer allgemeinen Schöpfungs-
offenbarung, auf die auch nichtgläubige Menschen ansprechbar
sind: «Die allgemeine Offenbarung tritt nicht in Konkurrenz
mit der besonderen, geschichtlichen, sondern sie ist ihre Vor-
aussetzung».[83] «Gott wirkt auch da, wo er nicht erkannt wird.
Er wirkt in den Ordnungen der Natur, in den ‹Erhaltungs-
ordnungen› der menschlichen Gesellschaft, auch da, wo man
nichts von ihm, weiss.»[84] Weil aber der nichtgläubige Mensch
im Formalen seines Menschseins auf Verantwortung ansprechbar bleibt, ergibt sich ein Anknüpfungspunkt für die christliche Ethik und Verkündigung, wobei die allgemeinere Einsicht
durch den besonderen Inhalt der Botschaft modifiziert wird.
Dabei stellt sich freilich eine ähnliche Frage, wie Barth sie im
Blick auf die natürliche Theologie formuliert hat, nämlich, ob
sich der Christ denn schon im Besitz jener besseren Einsicht
wähnen kann, die es ihm erlaubte, sich in solcher Weise auf
einen ungläubigen Gesprächspartner «herabzulassen».

Eine Pioniertat innerhalb der «dialektischen Theologie» war,
dass Brunner in seinem Buch «Das Gebot und die Ordnungen» erstmals eine ausführliche theologische (Sozial-)Ethik
vorlegte, in der er seine Sicht des Verhältnisses von allgemei-
ner und besonderer Offenbarung Gottes auf das Gebiet der

---

82 A. a. O., S. 104f.
83 Emil Brunner, *Offenbarung und Vernunft;* Zürich und Stuttgart 1961,
   S. 77
84 A. a. O., S. 348

Ethik übertrug. Er redet hier von gewissen «Gegebenheiten des menschlichen Zusammenlebens, die allem geschichtlichen Leben als unveränderliche Voraussetzungen zugrunde liegen, darum in ihren Formen zwar geschichtlich variabel, aber in der Grundstruktur unveränderlich sind».[85] Solche «Gegebenheiten» nennt Brunner «Gemeinschaftsordnung», bzw. *«Schöpfungsordnungen»*. Das heisst: Hier bekommen Wirklichkeitsstrukturen, weil sie von Gottes Schöpferhandeln Zeugnis ablegen, für jeden Menschen imperativen Charakter als Ordnungen, «innerhalb deren allein unser Handeln stattfinden kann und gemäss denen es stattfinden soll».[86] Sie zwingen auch den sündigen Menschen zur Gemeinschaft und ermöglichen so menschliches Leben. Im dritten Teil werden die Probleme der Gemeinschaft an den Bereichen von Mann und Frau, Eltern und Kindern, der Arbeit, Wirtschaft und des Staates eingehend dargelegt. Barth hat bekanntlich auf solche Versuche Brunners, durch die modifizierte Wiederaufnahme einer natürlichen Theologie Barths «Einseitigkeiten» zu korrigieren, äusserst schroff reagiert. Die sachliche Differenz hatte sich zwar schon lange abgezeichnet, Barth fühlte sich jedoch durch den Beifall nazifreundlicher deutscher Kreise zu Brunners Schrift zusätzlich provoziert. Etwas ironisch charakterisiert er Brunners eigentliches Anliegen: «Er möchte im umfassendsten Sinn des Wortes Pädagoge sein, Prediger, Ethiker und schliesslich doch auch Dogmatiker.»[87]

Tatsächlich hat sich Brunner erst recht spät daran gemacht, eine umfassende Dogmatik zu schreiben. Für Brunner gehört die Dogmatik nicht zum Wesen der Kirche. Sie ist als Kampf

85   Emil Brunner, *Das Gebot und die Ordnungen, Entwurf einer protestantisch-theologischen Ethik;* Zürich 1939, S. 194
86   A. a. O., S. 80
87   Karl Barth, *Nein! Antwort an Emil Brunner* (eine Replik auf Brunners Schrift «Natur und Gnade»), Theologische Existenz heute 14; München 1934, 57

gegen Irrlehren, für die Unterweisung und zur Gesamtwertung der Exegese zwar unerlässlich[88], doch vergleicht er sie als kritisch-reflektierende Tätigkeit mit der Arbeit eines Lebensmittelchemikers, der die Stoffe der Lebensmittel zerstört, indem er sie auf Schadstoffe hin untersucht[89]. Weil ihm mehr am Gespräch mit dem modernen Menschen und an der Verständlichkeit für interessierte Laien liegt, vermeidet er in seiner Dogmatik, von kurzen Exkursen abgesehen, einen Apparat akademischer Gelehrsamkeit – im Gegensatz zu seinen Werken zur Ethik, in denen er sich in einem umfangreichen Anmerkungsteil mit einschlägiger Literatur auseinandersetzt.

Brunners besondere Gabe, die zentralen Gehalte der christlichen Botschaft in einer allgemein verständlichen, anschaulich illustrierenden Sprache auszudrücken, hat sich im Erfolg seiner Schrift «Unser Glaube» dokumentiert, die aus einer Reihe von Artikeln im Zürcher Kirchenboten entstanden ist. Von diese Publikation sagt er später: «Von allen Büchern, die ich geschrieben habe, ist dieses mein liebstes, vielleicht auch mein nützlichstes. Seit es vor 17 Jahren erstmals erschien, ist es immer wieder gedruckt und ins Schwedische, Italienische, Spanische, Ungarische, Tschechische, Französische, Dänische, Finnische und Japanische übersetzt worden. In Vorbereitung finden sich die malayische, tamilische und südafrikanische Übersetzung».[90] In den Jahren 1953–1958 konnte er in Japan eine Lehrtätigkeit aufnehmen und an der ihm dort entgegengebrachten Hochachtung etwas von der weltweiten Ausstrahlung seines Lebenswerkes erfahren.

---

88 Brunner, Dogmatik I, in: Emil Brunner, Dogmatik I–III; Zürich und Stuttgart 1946/1950/1960, S. 20
89 A. a. O., S. 75
90 Emil Brunner, *Unser Glaube;* Zürich 1935, Vorwort 1951

Zum Umfeld von Barth und Brunner

Barths und Brunners theologische Leistungen und deren Ausstrahlung ins In- und Ausland wären undenkbar, hätte sich nicht ein grosser Kreis von eigenständigen Theologen und befreundeten theologischen Laien um sie gesammelt.

Eduard Thurneysen (1888–1974)

Eine bedeutende Rolle als Vermittler von persönlichen Beziehungen zu Kutter, Ragaz und Blumhardt spielte Eduard Thurneysen. Dieser, zunächst ein enger Freund Emil Brunners, wurde 1913 in Leutwil, in der Nähe von Barths Gemeinde Safenwil, als Pfarrer tätig. Bald kam es zwischen Thurneysen und Barth zu einem intensiven Gedankenaustausch[91] und zu einer Freundschaft, die, besonders auch wegen der Bescheidenheit Thurneysens, lebenslang andauerte. Durch Thurneysen wurde Barth auch mit dem Unternehmer Rudolf Pestalozzi bekannt, der für Barth bald «als Förderer in vielfacher Hinsicht, als Zuhörer und Gesprächspartner, als Gastgeber,

---

91 *Karl Barth–Eduard Thurneysen, Briefwechsel Bd. I: 1913–1921*, hg. von Eduard Thurneysen, Karl Barth-Gesamtausgabe, Bd. 3, Zürich 1973; *Karl Barth–Eduard Thurneysen, Briefwechsel Bd. II: 1921–1930*, hg. von Eduard Thurneysen, Karl Barth-Gesamtausgabe Bd. 4, Zürich 1987

als finanzieller Helfer, als Reisebegleiter, und übrigens auch als Fotograf unentbehrlich wurde»[92] und der neuen Theologie von 1920 an auch sein Ferienhaus, das «Bergli» in Oberrieden über dem Zürichsee, als Begegnungsstätte zur Verfügung stellte. Später hat sich dort eine grosse Zahl von bekannten Theologen aus aller Welt zu Gesprächen getroffen.

Thurneysen war aber selbst ein Theologe mit eigenem Hintergrund und Format. Schon seine Studie über Dostojewski[93] wurde als Begleitstück zu Barths Römerbrief auch im Ausland bekannt. Weit über seine Tätigkeit in neuen Gemeinden[94] hinaus wurde seine seelsorgerliche Gabe von Leuten aus allen Schichten beansprucht, ein Erfahrungsschatz, den er in seinem Buch, «Die Lehre von der Seelsorge»[95] auswertete. Diese Publikation liess ihn später als den klassischen Vertreter der «dialektischen Theologie» im Bereich der Seelsorge erscheinen. Neben seiner Tätigkeit im Pfarramt am Basler Münster hatte er seit 1930 einen Lehrauftrag für Praktische Theologie; 1941 wurde er ausserordentlicher Professor in diesem Fach, mit Gastdozenturen in Deutschland. Rudolf Bohren[96], ein Schüler Thurneysens, hat sich mit der Bedeutung und Lebensproblematik Thurneysens ausführlich auseinandergesetzt.[97] Entgegen einer in den letzten Jahrzehnten üblich gewordenen Etikettierung Thurneysens als eines Vertreters einer überholten, von der Verkündigung geprägten Seelsorgetheorie» verweist Bohren auf Thurneysens intensive Beschäftigung mit der Psychiatrie und auf die Fruchtbarkeit seiner Einbeziehung von Roman-

---

92 Busch, *Lebenslauf,* S. 87.

93 Eduard Thurneysen, *Dostojewski*, München 1921

94 1920–1927 in St. Gallen-Bruggen, 1927–1959 am Basler Münster

95 Eduard Thurneysen, *Die Lehre von der Seelsorge,* Zollikon-Zürich 1946

96 Rudolf Bohren 1920–2010, Professor für Praktische Theologie in Wuppertal, Berlin und Heidelberg

97 Rudolf Bohren, *Prophetie und Seelsorge. Eduard Thurneysen*, Neukirchen 1982

lektüre für die Seelsorge. Für Bohren waren auch Thurneysens Einsichten in die Problematik der Predigt richtungsweisend: «Im gleichen Jahr wie der ‹Dostojewski› erschien Thurneysens Vortrag ‹Die Aufgabe der Predigt›, für mich der aufregendste homiletische [die Predigtlehre betreffend] Traktat, den unser Jahrhundert geschrieben hat [...] Thurneysen hat hier eine Saat in die Zukunft geworfen, die erst noch aufgehen muss. Seine homiletische Lektion ist noch nicht gelernt. Er hat [...] ein Grundwissen gelehrt, ohne das die Predigt in Deklamation, Argumentation oder Moralismus absinkt».[98]

Als Barth nach seiner Absetzung von der Bonner Professur nach Basel zurückkehrte, beteiligte sich nicht allein Thurneysen, sondern ein grosser Kreis von Freunden – nicht nur aus der Kirche – an seinem Kampf gegen die geistige Infiltration der Schweiz durch den Nationalsozialismus und am Einsatz für die Emigrantinnen und Emigranten aus Deutschland, Leute aus der Bekennenden Kirche, aber – bereits vor Kriegsbeginn – auch für Kommunisten, Sozialisten und Jüdinnen und Juden.

In Basel wirkte in diesem Sinn der bekannte Pfarrer Walter Lüthi. Gemeinsam mit der «Flüchtlingsmutter», Frau Dr. Gertrud Kurz und dem Seebacher Pfarrer Paul Vogt setzte er sich vehement gegen die von der Regierung verfügte Abweisung jüdischer Flüchtlinge an der Schweizer Grenze ein. Besonders aufsehenerregend war Lüthis Zusammenstoss mit Bundesrat Eduard von Steiger an einer Landsgemeinde der Jungen Kirche[99] im Zürcher Hallenstadion. Am 30. August 1942 bekamen die rund 8000 anwesenden Jugendlichen durch von Steiger zu hören, das «Rettungsboot» Schweiz sei voll, könne daher nicht noch mehr Flüchtlinge aufnehmen. Dieser Sicht war Lüthi gleichentags in seiner Predigt schon zuvorgekommen: Allein in Basel, sagte er, würden «laut amtlicher Statistik 3000

---

98 A. a. O., S. 191
99 Damals grösste Jugendorganisation der reformierten Kirche

noch wohlgenährte Hunde gefüttert», man könne daher nicht den Flüchtlingen Brot und Suppe verweigern und sie durch Schliessung unserer Grenzen dem sicheren Tod ausliefern.[100]

Fritz Lieb, Alfred de Quervain und Wilhelm Vischer

Zu den Schweizer Theologiedozenten, die von den Nationalsozialisten aus Deutschland ausgewiesen wurden, gehörten auch Fritz Lieb, Alfred de Quervain und Wilhelm Vischer, die dann zeitweise in Basel wirkten.

Fritz Lieb (1892–1970) war eine der originellsten Figuren am Rand des Kreises um Barth, ein vielseitig interessierter Theologe, Professor für östliches Christentum, der auch assyriologische und geologische Studien betrieb, sich für die russische Revolution begeisterte, während des Generalstreiks 1918 zweimal inhaftiert war, in Paris mit russischen Emigranten, unter anderen mit dem Philosophen Nikolaj Berdjajew, verkehrte und eine bedeutende russische Bibliothek aufbaute, die er später der Universität Basel vermachte. Alfred de Quervain (1896–1968) war bis 1935 Dozent an der Ausbildungsstätte der Bekennenden Kirche in Elberfeld. Dort entstand seine dreibändige Ethik, die – wie im Vorwort erwähnt – aus einem intensiven Gesprächsaustausch mit den Pastoren Karl Immer und Hermann Albert Hesse und auch mit Dietrich Bonhoeffer (1906–1945) hervorgegangen ist. Wilhelm Vischer (1895–1988), der durch sein Buch «Das Christuszeugnis des Alten Testaments» bekannt wurde, wirkte als Professor in Basel und Montpellier.

Sie und andere Freunde haben Barth in seinem Eintreten für die Flüchtlinge und in seiner Kritik an der gegenüber Deutschland oft allzu nachgiebigen Schweizer Regierung unterstützt. Zu ihnen gehörte auch der Redaktor des Evangelischen Presse-

---

100 Siehe Alfred Häsler, *Das Boot ist voll;* Zürich 1967, S. 122f.

dienstes, Dr. Arthur Frey, der Barth mit geheimen Nachrichten versorgte und mit der Gründung des Evangelischen Verlages Zollikon-Zürich (EVZ) dafür sorgte, dass die Fortsetzung von Barths Kirchlicher Dogmatik, deren Herausgabe in Deutschland verboten worden war, in der Schweiz erscheinen konnte. Diejenigen Schriften, deren Veröffentlichung Barth durch die Zensurbehörde untersagt, zum Teil jedoch durch die List eines Vorabdrucks der Zensur entzogen worden waren, hat Barth nach Kriegsende in einem Sammelband publiziert (Karl Barth, Eine Schweizer Stimme).[101]

Ein Einfluss Barths auf die Schweizer Literatur ist am Frühwerk von Friedrich Dürrenmatt abzulesen, vor allem an dessen Stück «Es steht geschrieben», das deutliche Spuren der Lektüre von Barths Römerbrief aufweist. Noch deutlicher von Barths Theologie geprägt ist das Werk des Pfarrers und Schriftstellers Kurt Marti, das auch in Deutschland grosse Beachtung fand. Texte aus seinen «Leichenreden» und seinen Gedichtesammlungen «Abendland» und «Gedichte am Rand» haben seit den 1980er Jahren auch Eingang in den Gottesdienst und ins neue Gesangbuch der Evangelisch-reformierten Kirchen der deutschprachigen Schweiz gefunden.

Eine wesentliche Stärkung erfuhr die kirchliche Arbeit schon vor dem Zweiten Weltkrieg auch durch die Kreise um Emil Brunner. Er hatte in den dreissiger Jahren die Oxfordgruppenbewegung Frank Buchmanns – freilich nicht unkritisch im Einzelnen – als eine Art moderner Erweckungsbewegung begrüsst, dann aber mit seinen Freunden, dem Genfer Arzt Paul Tournier und seinem Universitätskollegen, dem Roma-

---

101 Als Beispiel für die Initiativen von Schweizer Kirchen in der Flüchtlingsfrage sei hier erwähnt: Marianne Jehle-Wildberger, *Das Gewissen sprechen lassen;* Zürich 2001; und zur Rolle Barths als politischem Querdenker: Frank Jehle, *Lieber unangenehm laut als angenehm leise;* Zürich 2. rev. Aufl. 2002

nisten Theophil Spoerri, eine stärker bibelzentrierte Variante dieser Bewegung durchgesetzt.[102] Verschiedene Gruppen von Pfarrern und Laien formierten sich unter dem Einfluss Brunners. Die von Hansjakob Rinderknecht gegründete Heimstätte «Boldern» ob Männedorf – eine Vorform späterer kirchlicher Akademien – war ein sichtbares Ergebnis des wachsenden Interesses von Leuten aus Wirtschaft und Politik für eine ethische und religiöse Orientierung, das vor allem durch Brunners Buch «Gerechtigkeit»[103] geweckt worden war. An Berufsgruppen- und Betriebstagungen begegneten sich Leute aus verschiedensten Kreisen, auch im Gespräch mit der Bibel.[104]

Durch die Anregung von interdisziplinären Gesprächen zwischen Dozenten der Universität erwarb sich Brunner auch die Hochachtung und Freundschaft vieler Kollegen. Besonders eng wurde seine Beziehung zu dem weltbekannten Völkerrechtler Max Huber, den Brunner in heiklen Gewissensfragen, dem Zwiespalt zwischen dem Gebot Gottes und einer Politik des Möglichen, beriet.[105] Brunners Sohn hat in seinem Buch «Mein Vater und sein Ältester» über seine Vaterbeziehung eindrücklich geschildert, wie er als Sohn, der in der Vorphase des ökumenischen Rates im Genfer Sekretariat angestellt war, durch seine Verbindungen zum kirchlichen und politischen Widerstand die andere Seite dieses Zwiespaltes hautnah erlebte.[106] Obwohl sein Vater wegen seiner schroffen Ablehnung jener Kreise, die nach Kriegsende aus christlichen Motiven die Atmosphäre des Kalten Krieges zu überwinden suchten, die

---

102 HHB, S. 69ff.
103 Emil Brunner, *Gerechtigkeit;* Zürich 1943
104 HHB, S. 81f.
105 Max Huber, aus einer Industriellenfamilie stammend war einerseits verschiedenen Unternehmen, die während des Krieges Nazi-Deutschland belieferten, verbunden, anderseits als Präsident des Internationalen Roten Kreuzes mit dem Schicksal von Flüchtlingen konfrontiert. (HHB, S. 235ff.)
106 HHB, S. 221ff.

öffentliche Meinung der Schweiz auf seiner Seite hatte, fühlte er sich nach seinem noch beglückenden Japanaufenthalt (1953–1955) in Theologenkreisen allmählich isoliert.

Arthur Rich (1910–1992)

Arthur Rich ist über einen langen Umweg akademischer Lehrer geworden: Von 1925–1930 war er Arbeiter in der Metallindustrie, bis er nach Absolvierung des Gymnasiums auf dem zweiten Bildungsweg Zugang zum Theologiestudium bekam, von 1937–1947 eine Pfarrstelle versehen konnte und darauf Direktor des kantonalen Lehrerseminars in Schaffhausen wurde. Erst 1954 wurde er Ordinarius für Systematische Theologie, bald auch Gründer und Leiter des Institutes für Sozialethik in Zürich. Hier konzentrierte er sich auf die Probleme der Industrie[107] und der Marktwirtschaft. Er war schon emeritiert, als er das Ergebnis langjähriger Forschungen, seine zweibändige Wirtschaftsethik, publizierte.[108]

Entfaltet der erste Band seinen eigenen theologischen Ansatz im Vergleich mit den ethischen Grundmodellen der Humanwissenschaften als formalen Aspekt seiner Wirtschaftsethik, so setzt sich der zweite Band «zum eigentlichen Ziel, anhand des Ordnungsproblems der heutigen Industriewirtschaft die im ersten Band entwickelten und theologisch konzipierten Grundlagen auf ihre Tauglichkeit zur Gewinnung von ins Konkrete gehenden Beurteilungs- und Entscheidungsmaximen zu erproben».[109] Beide Bände verarbeiten einen grossen Umfang von Fachliteratur bis hin zu jüngsten Publikationen. Seinen eigenen theologischen Ansatz hat Rich folgendermas-

---

107 Arthur Rich, *Christliche Existenz in der industriellen Welt*, Zürich und Stuttgart 1952
108 Arthur Rich, *Wirtschaftsethik*, Gütersloh, Bd. I, 1984, Bd. II, 1990
109 Rich, Wirtschaftsethik II, S. 13

sen formuliert: «Es handelt sich beim *existential-theologischen Ansatz* [...] um eine Existenzbestimmung, bei der es darum geht, die sozial-ethische Verantwortung für eine menschengerechte Ordnung der Gesellschaft, die immer im Bereich des Relativen verbleiben wird, so wahr zu machen, dass der Anspruch des Absoluten, das Gott im Kommen seines Reiches will, als gesellschaftskritisches Potential stets gegenwärtig bleibt. Aus christlicher Existenz wird man kein Gesellschaftskonformist sein können.» Anderseits ist auch der gesellschaftspolitische Messianismus und Maximalismus «nicht Sache christlicher Existenz».[110]

Seine Herkunft aus der religiös-sozialen Bewegung verleugnet Rich nicht, will aber in der Wirtschaft seine Zielvorstellung einer Humanität aus Glaube, Liebe und Hoffnung mit Fachkompetenz verbinden, empfiehlt zugleich möglichst partizipative Strukturen in der Arbeitswelt an Stelle einer Resignation vor einer vermeintlichen «Eigengesetzlichkeit» ökonomischer Gegebenheiten. Einflüsse von Brunner, Tillich und auch von Barth sind hier deutlich abzulesen. Rich äussert seine Überzeugung, dass sich in weiterer Sicht das Menschengerechte auch als das Sachgerechte erweisen wird. Durch seine grosse Sachkenntnis und seine Berücksichtigung des neuesten Standes in den humanwissenschaftlichen und philosophischen Disziplinen hat sich Rich den Respekt von Fachleuten an den Universitäten und in der Wirtschaft erworben; während mehreren Amtsperioden war er Mitglied der «Kammer für Soziale Ordnung» der Evangelischen Kirche in Deutschland (EKD) und (1971–1975) Präsident der «Societas Ethica».

---

110 Rich, Wirtschaftsethik I, S. 166

Zwei liberale Theologen:
Martin Werner und Fritz Buri

Neben dem grossen Einfluss von Barth und Brunner hatte die
liberale Theologie einen schweren Stand. Es sei hier aber doch
auf zwei Theologen hingewiesen, die als Antipoden der «dialektischen Theologie» bekannt geworden sind.

Martin Werner (1887–1964)

Martin Werner hat als Professor für Systematische Theologie und Dogmengeschichte in Bern in seinem zweibändigen
Hauptwerk, «Der protestantische Weg des Glaubens»[III] die
Wandlungskrisen der christlichen Theologie von ihren Anfängen bis ins 20. Jahrhundert historisch untersucht (Band I)
und darauf seine eigene Sicht eines unverzichtbaren protestantischen Erbes expliziert (Band II). Schon in der Anlage
des zweiten Bandes macht Werner deutlich, dass nach seiner
Überzeugung eine christliche Theologie den heutigen Menschen nur anzusprechen vermag, wenn es ihr gelingt, auf die
heutige Sinn- und Kulturkrise «mit dem Mut zur Wahrheit»
einzugehen und ihre «geistige Bedeutung für das Abendland»

III Martin Werner, *Der protestantische Weg des Glaubens*, Bern, Bd. I
1955, Bd. II 1962. Im Folgenden zitiert als WdG.

wiederzugewinnen.[112] Richtungweisend für seine Arbeit über die Dogmengeschichte ist ihm die These Albert Schweitzers, schon die Urkirche sei wegen der Enttäuschung ihrer Naherwartung der Wiederkunft Christi zu einer Ent-Eschatologisierung ihrer Botschaft genötigt worden. So habe bereits Paulus seine ursprünglich apokalyptische Hoffnung in eine «Christusmystik» umgewandelt. Alle Probleme späterer Dogmenbildung spiegelten die Umgehung dieser Problematik in unzulänglichen Lösungsversuchen. Durchgehend diagnostiziert Werner die Fehlleistungen früherer Dogmatiker, sie hätten den Wunsch zum Vater des Gedanken gemacht und die Wahrheitsfrage in eine Bedürfnisfrage umgewandelt[113], wobei er auch seine liberalen Vorgänger so wenig schont wie die Orthodoxie und die von ihm so genannte Neuorthodoxie. Beifällig zitiert er seinen Vorgänger auf dem Berner Lehrstuhl, Hermann Lüdemann (1842–1933) mit dessen Verdikt, solche Vernachlässigung der Erkenntnisgrundlagen handle nach dem fragwürdigen Grundsatz: «Weil Wert für mich, darum Sein an sich»[114]. Will Theologie nicht eine «Bedürfnistheologie» bleiben, so muss sie sich der Seins- und Sinnkrise der Gegenwart stellen. Im «Innewerden der Grundverfassung unseres Menschseins», d. h. im Kreaturbewusstsein stossen wir aber auf das «*eine*, echte Wunder»[115] das auch durch den erfahrenen Zwiespalt der Wirklichkeit nicht entwertet wird: «Trotz des uns belastenden Sinnproblems der Welt und trotz unseres Protests gegen diese Belastung bleibt das Wunder der Schöpfung ganz unverändert das grosse Wunder [...] Ebensowenig ändert sich auch nur das geringste an der geschöpflichen Grundverfassung unseres Daseins und an dem

---

112 WdG II, S. 535
113 Zum Beispiel WdG I, S. 744 et passim
114 Hermann Lüdemann, in: WdG I, S. 783
115 WdG II, S. 67–71

in ihr sich ankündigenden Geheimnis unserer Ursprungsbeziehung zum göttlichen Seinsgrund».[116]

Von diesen Voraussetzungen her wird verständlich, warum Werner vom christlichen Kerygma nur eine «Christusidee» übernehmen kann, die weitgehend mit dem philosophischen Glauben von Karl Jaspers übereinstimmt: «Die Christusreligion enthält die Wahrheit, dass Gott durch Menschen zum Menschen spricht […], birgt weiter die Wahrheit, den einzelnen Menschen auf sich selbst zu verweisen. Der Christusgeist ist Sache jedes Menschen […] Er ist weiter die Offenheit für das eigene Leiden als Weg zur Transzendenz: wer das Kreuz auf sich nimmt, kann die Vergewisserung des Eigentlichen im Scheitern erfahren».[117] In der Intention mit Jaspers einig, sagt Werner, vielleicht könnten uns heutige Menschen am leichtesten verstehen, «wenn wir hier statt vom ‹Christus› vielmehr vom ‹Geiste Gottes›, vom ‹göttlichen Geist› sprechen».[118] Entsprechend hat Werner auch sein Kriterium für seine Auffassung von Erlösung formuliert: «Jede Auffassung von Erlösung und von Wegen zur Erlösung ist falsch, die nicht in Betracht zieht, dass wahre Erlösung nur dann geschieht, wenn wir selbst im Innersten, wenn unsere Persönlichkeit dabei unmittelbar mitbeteiligt ist, das heisst, wenn wir, in vertiefter Selbstbesinnung zu neuer Klarheit über uns selbst und unsere Lage kommend, innerlich eine neue Richtung gewinnen und zu neuen Entschlüssen und ihrer Verwirklichung gelangen.» Im Blick auf den Transzendenzbezug menschlicher Selbsterfahrung weist Werner auf den Symbolbegriff hin, der in Ermangelung der adäquaten Bezeichnung doch als notwendiger – obwohl unangemessener Hinweis – auf transzendente Wirklichkeit diene.[119]

---

116 A. a. O., S. 282f.
117 Karl Jaspers, in: WdG II, S. 235
118 A. a. O., S. 308
119 WdG I, S. 92

Fritz Buri (1907–1995)

Eine wichtige Rolle spielt der Symbolbegriff auch im Denken von Fritz Buri, der in seiner Dogmatik[120] ausgehend von dem Selbstverständnis des christlichen Glaubens den Symbolbegriff so formuliert hat: «Sofern wir uns durch dieses Selbstverständnis bestimmen lassen, wird uns deutlich, dass jene vergegenständlichende Aussage über das Offenbarungsgeschehen symbolischen Charakter hat. Die Erkenntnis dieser Symbolhaftigkeit bedeutet nicht eine Entwertung der Realitätsbedeutung der bezeichneten Sache. Das als Symbol begriffene Offenbarungsgeschehen hat nach unserer Meinung seine Realitätsbedeutung darin, dass es sich im Vollzug der Existenz auswirkt.»[121]

In vorgerücktem Alter hat Buri, der als Professor und Münsterpfarrer in Basel wirkte, seine eigenen dogmatischen Entwürfe dem Test eines Vergleichs mit den Lehren des Buddhismus ausgesetzt und so seine liberale Theologie als Basis für das heute aktuelle Gespräch mit fremden Religionen geprüft. In bewundernswert intensiven Studien hat er sich anlässlich zweier Ostasienreisen und Studienaufenthalten (1968 und 1978 in Japan und Korea) besonders mit den Lehren der japanischen Kyoto-Schule befasst, dabei – ohne Verwischung von Differenzen – auffällig parallele Entwicklungen im Christentum und Buddhismus zwischen den Ursprüngen und späterer mythologischer Ausformung festgestellt. In seiner Auswertung dieser Studienreisen[122] sieht Buri die Möglichkeit eines Gesprächs zwischen beiden Religionen aufgrund seiner Auffassung, «dass Christus und Buddha als Symbole, d. h. als in ihrem Wesen

120 Fritz Buri, *Dogmatik als Selbstverständnis des christlichen Glaubens,* Bd. I–III; Bern und Tübingen 1956–1978

121 Fritz Buri. *Verantwortung übernehmen, Ein Lesebuch,* hg. von Günther Hauff; Bern und Tübingen 1987, S. 68

122 Fritz Buri, *Der Buddha-Christus als Herr des wahren Selbst;* Bern und Stuttgart 1982

stets unzulängliche, aber notwendige Objektivierungen des nichtobjektvierbaren Seins und Selbst verstanden würden [...] und zu einem Buddha-Christus vereinigt werden können.»[123]

Buri überspielt nicht die Differenzen zwischen den beiden Religionen, er diagnostiziert aber ähnliche Spannungen zwischen Selbsterlösung und Fremderlösung, zwischen Weltverneinung und Weltbejahung sowohl im Christentum wie im Buddhismus und bereitet so den Boden für ein künftiges offenes Gespräch.

---

123 A. a. O., S. 453

Eine Vertreterin der feministischen Theologie

Marga Bührig (1915–2002)

Noch einmal neu belebt wurde die theologische Diskussion in den 1970er Jahren, als die von den USA ausgehende feministische Theologie auch in der Schweiz zu einem Aufbruch der Frauen in der Kirche führte. Ihre prominenteste Vertreterin in der Schweiz war Marga Bührig, obwohl sie, wie sie in ihrer Autobiografie mit dem Titel «Spät habe ich gelernt, gerne Frau zu sein»[124] selbst hervorhebt, erst spät zu dieser Bewegung gefunden hat.

Die in Chur aufgewachsene Tochter einer Polin und eines Deutschbalten war nach einem Germanistikstudium mit Promotion und einem Theologiestudium zunächst in vielfältiger Weise in der evangelischen Frauenarbeit tätig. 1959 wurde sie zusammen mit ihrer Lebensgefährtin Else Kähler Studienleiterin, wenig später Gesamtleiterin der Evangelischen Akademie «Tagungszentrum Boldern». Nach ihrer Pensionierung wurde sie als erste Schweizerin ins Präsidium des Ökumenischen Rates der Kirchen gewählt. In ihrer Tätigkeit in der Erwachsenenbildung, in ihrem Engagement für die Ökumene, mit zahlreichen Artikeln und Stellungnahmen hat sie sich leidenschaftlich für

---

124 Marga Bührig, *Spät habe ich gelernt, gerne Frau zu sein*; Stuttgart 1987

die Sache der Frau eingesetzt. Nach mehreren Aufenthalten in den USA, wo sie durch die Begegnung mit feministischen Frauengruppen Zugang fand zu einer weiblichen Spiritualität, vertrat sie eine feministische Theologie, die auf einen eigenständigen Beitrag der Frauen zu einer ganzheitlichen Kirche ausgerichtet war.

In ihrer Autobiografie spricht Marga Bührig von drei Bekehrungen, die sie erlebt hat: einer erste Bekehrung in jungen Jahren zu einem «sehr engen Christentum» und einer «nur persönlich verstandenen Frömmigkeit», einer zweiten, schon bald einsetzenden und sich in einem längeren Prozess intensivierenden Bekehrung «zurück zur Welt» und einer späten Bekehrung zum Feminismus. Dabei liegt ihr daran zu betonen, dass alle diese Bekehrung Spuren in ihrem Leben und Denken hinterlassen haben, dass also auch ihr Feminismus von den beiden vorausgehenden Bekehrungen geprägt ist. «Dass ich auch als Feministin nicht loskomme von der Bibel und der Kirche, dass ich versuche Zusammenhänge herzustellen, wo andere Frauen, die ich schätze, bewundere und achte, einen radikalen Bruch vollzogen haben, spricht für die Tiefe und Ernsthaftigkeit der ersten Bekehrung. Dass ich den Zugang zur Frauenbewegung fand und auch zu vielen Frauen, die nichts mehr mit Religion und Kirche zu tun haben wollen, dass ich vor allen auch die kollektiven, gesellschaftlichen Zusammenhänge heutiger Frauenerfahrung begriff und in der Lage war, mich auch politisch zu engagieren, hat mit der zweiten Bekehrung zu tun. In allem hat die ökumenische Weite, in die ich geführt wurde eine nicht zu überschätzende Rolle gespielt.»[125]

Was Marga Bührig hier von sich sagt, gilt nach ihrer Auffassung grundsätzlich: Der Ausgangspunkt der feministischen Bewegung und damit auch der feministischen Theologie ist die Erfahrung von Frauen. Das kommt auch zum Ausdruck in den fünf doppelstündigen Vorlesungen, die sie zu Thema «Frauen

---

125 A. a. O., S. 25

in Theologie und Kirche» an der (katholischen) Theologischen Fakultät in Luzern gehalten hat und die sie später unter dem Titel «Die unsichtbare Frau und der Gott der Väter» publizierte.[126] Das Buch ist zwar, wie der Untertitel verspricht, durchaus eine Einführung in die Feministische Theologie, bietet aber keine feministische Dogmatik, sondern gibt Einblick in einen von Frauen und ihrer Erfahrung ausgehenden Befreiungsprozess, der noch nicht zu Ende ist, aber, wenn er ernst genommen wird – so in der Hoffnung der Autorin – auch zu einer Befreiung der Kirche aus den Fesseln des Patriarchats führen wird.

---

126 Marga Bührig, *Die unsichtbare Frau und der Gott der Väter, Eine Einführung in die feministische Theologie;* Stuttgart 1987

Auswirkungen

Dank der Achtung, die sich Barth und Brunner und ihre Kreise in den Kriegsjahren mit ihrem Eintreten für die Flüchtlinge erworben hatten, war die Autorität der reformierten Kirche in der Folgezeit noch kaum angefochten. Das war auch der Mitwirkung vieler aktiver Laien zuzuschreiben, die die Pionierzeit kirchlicher Werke miterlebten hatten: etwa die Anfänge des «Hilfswerks der Evangelischen Kirchen der Schweiz» (HEKS), das nach seiner Gründung (1946) zunächst die Flüchtlingshilfe weiterführte, dann auch im sowjetisch kontrollierten Osteuropa zwischenkirchliche Hilfe leistete und ab 1957 in Zusammenarbeit mit den Missionsgesellschaften (jährliche Sammelaktion «Brot für Brüder», heute «Brot für alle») seine Arbeit auch auf überseeische Entwicklungsgebiete ausdehnte. In den damals noch blühenden christlichen *Jugendorganisationen* (Junge Kirche, CVJM/F), in der Männer- und Frauenarbeit der Ortsgemeinden (Kursarbeit) und in manchen nach dem Modell von Boldern gegründeten Begegnungszentren ergaben sich vielfältige Beziehungen zu kirchlichen Projekten einer weltweiten Entwicklungszusammenarbeit wie auch zur kirchlichen Sozialarbeit im Inland. In Jugendgruppen, an Gemeindeabenden oder bei der Organisation einer gemeindeeigenen Sammelaktion von «Brot für Brüder» wurde orientiert über das Experiment Riesi in Sizilien, die Landbauschule Tumbang Lahang in Indonesien, das «Gymnase Pestalozzi» in Kinshasa im Kongo, die Lehrwerkstatt Nettur in Indien und andere Felder weltweiter kirchlicher Tätigkeit. Auch berichteten immer wieder Leute, die sich für einen Einsatz in Übersee oder in einem hiesigen Sozialwerk hatten motivieren lassen, nach ihrer Rückkehr in ihren Gemeinden von den dort gemachten Erfahrungen.

Durch die gesteigerten Aktivitäten der Kirchgemeinden im Bereich der Erwachsenenbildung, durch die Sensibilisierung für soziale und politische Probleme, durch die wachsende Zusammenarbeit mit ähnlichen Initiativen der katholischen Kirche und konfessionell neutraler Werke intensivierte sich in den Nachkriegsjahren einerseits der innere Zusammenhalt der Kirche und ihre Ausstrahlung auf die Gesellschaft, geriet die reformierte Kirche andererseits durch ihre Stellungnahmen in heiklen Kontroversfragen (Ost-West-Konflikt, militärische Aufrüstung, Atomkraft, Rassismus-Problematik) aber auch ins Sperrfeuer rechtsbürgerlicher Kreise. So forderte die konservative Aktion «Kirche wohin?» von der Kirche eine Beendigung ihres «politischen Aktivismus'» und die Rückkehr zu ihrem «Kerngeschäft», zu Predigt und Seelsorge. Nach den Jugendunruhen der 1970er- und 1980er- Jahre, anlässlich derer die Kirche zwischen beiden Fronten zu vermitteln versuchte, bekam die Kirche dann das Scheitern gesellschaftlicher Utopien im eigenen Bereich zu spüren, auch wenn ihre Werke, HEKS und «Brot für alle» unterdessen bereits über hundert Projekte kirchlicher Zusammenarbeit mit Partnerorganisationen in Europa und Übersee betreuten.

Denn unterdessen hatte sich ein grundlegender gesellschaftlicher Wandel angebahnt, der mindestens so stark wie der Überdruss an politisch-kirchlichen Kontroversen dazu beigetragen hatte, dass sich breite Volksschichten der Kirche allmählich entfremdeten. Das Scheitern der 68er-Utopien förderte bei den nachkommenden Generationen – auch unter dem wachsenden Einfluss der Unterhaltungsmedien – einen Trend zu einer Konsum- und Erlebnisgesellschaft individualistischen Gepräges, eine Entwicklung, die sich in der wirtschaftlichen Hochkonjunktur ebenso sehr auch im Lebensstil der Älteren abzeichnete. Mehr und mehr Menschen suchen heute ihre religiösen Bedürfnisse und ihren Wunsch nach Selbstverwirklichung in einem «Patchwork-Verfahren» aus dem Angebot von Psychologie, Esoterik und fernöstlichen Meditationspraktiken zu stillen. Im Gegenzug zu dieser neuen, in postmoderne Beliebigkeit zerfasernden Religiosität wenden sich besonders junge Menschen auf der Suche nach einer verpflichtenden Glaubensgemeinschaft, die sie in den etablierten Kirchen vermissen, evangelikalen Gruppierungen zu.

Bevor dieser gesellschaftliche Wandel allgemein spürbar wurde, konnten vereinzelte kirchliche Grossanlässe[127], kantonale Kirchentage und 1989 vor allem die Erste Europäische Ökumenische Versammlung in Basel zum Thema «Frieden in Gerechtigkeit»[128] noch grosse Scharen von Teilnehmenden anziehen. Solche vereinzelten Höhepunkte waren aber nicht Ausdruck einer ungebrochenen Anerkennung der Kirche, sondern eher ein Zeichen des Protestes gegen den allgemeinen Rückzug der Gesellschaft in eine nicht verpflichtende private Religiosität. Es ist heute gang und gäbe, aus der Kirche auszutreten, auch wenn man nichts Besonderes gegen sie einzuwenden hat.

Paradoxerweise hat diese Abkühlung der Atmosphäre zwischen Kirche und Welt auch mit der Art jener besonderen kirchlichen Aktivitäten nach dem Zweiten Weltkrieg zu tun, mit der Ausrichtung der Kirche auf die brennenden Probleme der Welt und ihrem Willen, die Profanität mit ihren Anliegen zu durchdringen. Denn je profaner die Problembereiche wurden, mit denen sich die Kirche befasste, desto weniger wurde sie unterscheidbar von weltlichen Organisationen, die ähnlich wirkten, desto weniger wurde sie in ihrem eigenen Wesen wahrgenommen.

---

127 1957 zum Beispiel in der Aktion «Zürich wohin?», einer über lange Zeit vorbereiteten Stadtevangelisation mit Versammlungen in allen grösseren Lokalen Zürichs (siehe HHB, S. 300)

128 Siehe Peter Felber und Xaver Pfister, *Gerechtigkeit und Friede umarmen sich,* Basel 1989

So scheint sich, was sich in der Neuzeit (1500–1900) im Grossmassstab einer Epoche vollzogen hatte, nach dem Zweiten Weltkrieg in der Entwicklung der reformierten Kirchen der Schweiz wiederholt zu haben: Dem Menschen der Neuzeit, der sich der Bevormundung der Kirche entzogen und in kühnem Vorstoss in die Welt auf einen profanen Bereich eingelassen hatte, war auf diesem Weg gewollter Selbständigkeit sein immer noch mitgetragener metaphysisch geprägter «Gott» abhandengekommen und am Ende für tot erklärt worden. Die reformierte Kirche der Nachkriegszeit hat in der Schweiz einen vergleichbaren Aufbruch und Vorstoss aus ihrer kleinbürgerlichen, vertrauten Beheimatung in eine fremde Welt hinaus gewagt. In solcher Exodus-Erfahrung können vermeintliche höchste Instanzen sich als falsche Absolute, können Götter sich als Nichtse erweisen, kann aber auch der Gott bisheriger religiöser Beheimatung plötzlich «nur [noch] wenig Heiligtum sein», wie Ezechiel 11,16 die Exilerfahrung des Glaubens umschreibt. Vielleicht war die Ernüchterung der letzten Jahrzehnte unumgänglich, damit der theologische Aufbruch der ersten Jahrzehnte nicht zu einem Götzenbild erstarrte.

Zu Beginn des 20. Jahrhunderts ist der Schweizer Theologie der grundlegende Unterschied zwischen dem Gott der biblischen Offenbarung und dem «Gott» einer religiös überhöhten Selbsterfahrung aufgegangen. Angesichts des postmodernen religiösen Marktes könnte der Respekt vor der Andersartigkeit Gottes erneut aktuell werden, ein eminent reformiertes Erbe, das Rudolf Bohren einst in meisterhafter Konzentration formuliert hat:[129]

nichts ist heilig
alles wird heilig
du allein bist heilig
und anrufbar

---

129 Rudolf Bohren, *Texte zum Weiterbeten;* Neukirchen-Vluyn 1976

Nachwort

Die hier vorliegende knappe Darstellung der schweizerischen reformierten Theologie im 20. Jahrhundert habe ich im Auftrag der Freien Universität Amsterdam verfasst für eine Publikation, die entsprechende Beiträge aus verschiedenen Ländern versammelte und unter dem Titel «Vicissitudes of Reformed Theology in the Twentieth Century» 2004 in englischer Übersetzung erschien. Von der deutschen Originalversion habe ich noch im gleichen Jahr einige Exemplare drucken lassen und an Kollegen und interessierte Freunde verschenkt. Angesichts des bunten Reigens von Veranstaltungen, die 2019 an den Beginn der Reformation in der Schweiz vor 500 Jahren erinnern sollen, liegt mir daran, diese Schrift jetzt auch in deutscher Sprache zu publizieren und so einem weiteren Kreis zugänglich zu machen. Denn ich halte es für wichtig und nötig, dass eine Kirche, die sich als «semper reformanda» versteht, sich nicht nur auf ihre Ursprünge, sondern auch auf ihre Veränderungen und Erneuerungen besinnt, deren bedeutendste wohl in der ersten Hälfte des 20. Jahrhunderts stattfand.

Zu lernen wäre aus dieser Beschäftigung zum einen: dass eine echte Reform der Kirche nicht mit einem Aggiornamento, sondern mit einer Selbstkritik beginnt, zum andern: dass eine echte Reform der Kirche nie bloss eine Sache der Theologen ist, sondern immer auch von wachen denkenden und handelnden Laien getragen wird, und zum dritten: dass eine wirkliche «Reformation» nur dort geschieht, wo sich die Kirche nicht selbst darstellt, sondern über sich hinausweist auf Christus, der ihr immer schon voraus ist.

Bildnachweis

Seite 13: Hermann Kutter 1906, an der religiös-sozialen Konferenz in Degersheim; Zentralbibliothek Zürich, Nachlass Hermann Kutter 1.1.

Seite 17: Leonhard Ragaz um 1915; Staatsarchiv Zürich, W 67, Nr. 235

Seite 25: Karl Barth 1939; Karl Barth-Archiv, Basel, KBA 9005.1007

Seite 41: Emil Brunner; Familienarchiv Erben Emil Brunner